MINHA ESCOLA
VERDE

Thakur S. Powdyel

Educador, escritor e ex-ministro da Educação do Butão. Vencedor do Gusi Peace Prize International for Life-time Contribution to Education e do Global Education. Durante o seu mandato como Ministro da Educação no Butão, moveu o país em direção ao cumprimento dos Objetivos de Desenvolvimento do Milênio (ODMs) e das leis nacionais em prol da educação. Atua como professor visitante em vários países e é membro de vários painéis internacionais e conselhos consultivos. Também é o autor de *As I Am, So Is My Nation, Right of Vision & Occasional Views* e *Gyal-Khab: Reflections on State, Citizen and Citizenship Education*.

P881m   Powdyel, Thakur S.
            Minha escola verde : um esboço / Thakur S. Powdyel ; tradução: Marcos Vinícius Martim da Silva. – Porto Alegre : Penso, 2023.
            vii, 106 p. : il. ; 23 cm.

            ISBN 978-65-5976-030-5

            1. Gestão educacional. I. Título.

                                                                       CDU 371.1

Catalogação na publicação: Karin Lorien Menoncin – CRB 10/2147

THAKUR S. **POWDYEL**

MINHA ESCOLA
VERDE

Um esboço

Tradução:
Marcos Vinícius Martim da Silva

Porto Alegre
2023

Obra originalmente publicada sob o título *My green school: an outline*
ISBN 9798677417979

Copyright © 2021 Thakur S. Powdyel

Gerente editorial: *Letícia Bispo de Lima*

Colaboraram nesta edição:

Coordenadora editorial: *Cláudia Bittencourt*

Capa: *Tatiana Sperhacke*

Leitura final: *Heloísa Stefan*

Editoração eletrônica: *Kaéle Finalizando Ideias*

Reservados todos os direitos de publicação, em língua portuguesa,
ao GRUPO A EDUCAÇÃO S.A.
(Penso é um selo editorial do GRUPO A EDUCAÇÃO S.A.)
Rua Ernesto Alves, 150 – Bairro Floresta
90220-190 – Porto Alegre – RS
Fone: (51) 3027-7000

SAC 0800 703 3444 – www.grupoa.com.br

É proibida a duplicação ou reprodução deste volume, no todo ou em parte, sob quaisquer formas ou por quaisquer meios (eletrônico, mecânico, gravação, fotocópia, distribuição na Web e outros), sem permissão expressa da Editora.

IMPRESSO NO BRASIL
PRINTED IN BRAZIL

~
Dedicado
aos
curadores do nosso Planeta Terra
e aos
construtores do Setor Nobre.
~

GRATIDÃO

O convite surgiu do nada, mas eu o aceitei mesmo assim, com uma sensação mista de empolgação e nervosismo, pois a tarefa estava além da minha experiência. Eu seria membro do júri internacional que avaliaria as cinco principais cidades entre as vinte pré-selecionadas ao redor do mundo que se destacaram entre as centenas que haviam entrado na competição do Wellbeing Cities 2020. Curitiba, a capital do estado do Paraná, no Brasil, superou as demais, levando-me a imaginar como uma cidade poderia ser tão lindamente concebida e projetada para apoiar o florescimento da vida em todas as formas.

Em novembro de 2022, tive o privilégio de ser convidado pelo idealizador do Congresso Internacional de Felicidade, Dr. Gustavo Arns, para proferir a palestra de encerramento do evento em Curitiba. Pude, então, ver com meus próprios olhos, sentir com o coração e registrar com a mente, da terra e do ar, o milagre que é Curitiba.

Essa rara oportunidade me levou a conhecer algumas das mais elevadas almas do maior e mais talentoso país da América Latina, que busca apaixonadamente alcançar o anseio mais profundo de todos os seres humanos através do tempo e do espaço – a felicidade – para seus cidadãos multiétnicos, provenientes de todo o mundo, que fizeram do Brasil sua casa. A recepção calorosa do prefeito de Curitiba e do vice-governador do Paraná e o convite para falar aos ilustres membros do Senado Federal em Brasília foram alguns dos privilégios que lembrarei para sempre com gratidão.

Um momento importante da minha peregrinação a Curitiba foi o chamado de meu maravilhoso anfitrião, Matheus Pannebecker, coordenador de produção da Pós PUCPR Digital, para compartilhar minhas reflexões sobre o Nobre Setor – a Educação –, a partir de profundas e variadas perspectivas, com sua comunidade universitária.

Uma consequência muito propícia dessas energias positivas e interações frutíferas foi a graciosa oferta do Grupo A Educação de realizar a tradução para o português da minha obra *Minha escola verde: um esboço*, em benefício das crianças brasileiras, seus cidadãos e falantes da maravilhosa língua portuguesa.

Sou profundamente grato a todos os meus nobres anfitriões e simpatizantes por seu calor sem limites e sua generosa hospitalidade e à incrível equipe do Grupo A Educação por dar uma nova vida ao meu pequeno livro por meio da infinita riqueza da língua nacional do povo de um país verdadeiramente grande.

Apesar das óbvias assimetrias em termos de geografia, demografia e experiências históricas, Brasil e Butão estão unidos por sonhos comuns e esperanças compartilhadas em relação ao bem-estar da família humana, à paz no mundo e à sustentabilidade deste querido planeta Terra, nossa casa.

Esta edição em português de *Minha escola verde* é humildemente dedicada à amizade e à boa vontade profundamente estimada entre o Butão e o Brasil. Que a mensagem da alma desta obra abençoe as crianças e os cidadãos do Brasil e além…

Com minhas orações,

Thakur S. Powdyel

Ex-ministro da Educação, Governo Real do Butão

SE VOCÊ PERCORRER ESTAS PÁGINAS...

Dedicatória	v
Gratidão	vi
Contexto	1
Introdução	9
A árvore da vida	13
A árvore da aprendizagem	15
Minha escola verde	21
As cores da vida: verdor natural	27
Vivendo juntos: aprendendo juntos: verdor social	33
Nosso modo de ser: verdor cultural	39
A mente da minha escola: verdor intelectual	47
Aprender é divertido: verdor acadêmico	53
Uma questão de gosto: verdor estético	61
Adentrando o templo da minha alma: verdor espiritual	69
Uma questão de certo e errado: verdor moral	75
Epílogo	81
Um dia na escola de Wangmo	83
Algumas opiniões de leitores e revisores	99

O CONTEXTO

---◆---

Cada nação precisa de um sonho para atraí-la e edificá-la em torno de um propósito além do mundano e do momentâneo. Cada pessoa precisa de uma visão que conduza a mente para um reino que perdure e satisfaça. Todo homem, toda mulher e toda criança anseia pela alegria que faz soar as harmonias da alma.

Parece que a joia do Himalaia – o Reino do Butão – estava destinada a sonhar esse sonho, forjar essa visão e comunicar o anseio eterno do coração humano. Coube ao monarca mais jovem do mundo, Druk Gyalpo Jigme Singye Wangchuck, articular a verdade fundamental sobre todos os seres humanos em todos os paralelos e meridianos – todos buscamos a felicidade.

Para um mundo há muito acostumado a medir o progresso pela medida convencional do produto interno bruto (PIB), a ideia de felicidade interna bruta (FIB) era uma novidade intrigante. Cerca de quatro décadas desde que o novo paradigma de desenvolvimento foi articulado, a humanidade parece estar ouvindo. Tendo passado por uma espécie de catarse, um mundo sedento está procurando uma lufada de ar fresco, um novo sopro de vida. A promessa de progresso ilimitado acompanhado de felicidade ilimitada parece agora mais uma miragem.

> Cada nação precisa de um sonho para atraí-la e edificá-la em torno de um propósito além do mundano e do momentâneo. Cada pessoa precisa de uma visão que conduza a mente para um reino que perdure e satisfaça. Todo homem, toda mulher e toda criança anseia pela alegria "que faz soar as harmonias da alma".

Onde as chuvas começaram a castigar a humanidade? Existe uma alternativa para essa corrida desenfreada para um fim incerto? A felicidade interna bruta é um apelo ao princípio racional do mundo, uma invocação à humanidade dos humanos, uma afirmação da promessa de cura da Mãe Natureza.

A filosofia abrangente de desenvolvimento da felicidade interna bruta do Butão baseia-se na crença de que:

- O desejo supremo de todos os seres humanos, independentemente do tempo e do espaço, de costa a costa, de hemisfério a hemisfério, é ser feliz. Cabe, portanto, aos governos eleitos criar as condições necessárias para sustentar a experiência da felicidade.

- As profundas necessidades dos seres humanos não são necessariamente materiais ou físicas, existem outras dimensões mais profundas da vida – natural, social, cultural, intelectual, espiritual, psicológica, estética, moral – que a tornam digna e significativa e que precisam ser nutridas.

- Não há relação necessária entre o nível de riqueza material e o nível de felicidade – eles podem, de fato, ser incompatíveis entre si.

- O objetivo da vida não pode ser limitado a um ciclo interminável de produção e consumo, mais produção e mais consumo...

„ A medida convencional de progresso, linear e unidimensional, também chamada de produto interno bruto, é muito limitada e reducionista, pois deixa de fora outros fatores não econômicos significativos. A felicidade interna bruta é, portanto, uma abordagem mais holística, integrada e equilibrada para o desenvolvimento. "

- A medida convencional de progresso, linear e unidimensional, também chamada de produto interno bruto, é muito limitada e reducionista, pois deixa de fora outros fatores não econômicos significativos. A felicidade interna bruta é, portanto, uma abordagem mais holística, integrada e equilibrada para o desenvolvimento.

O Butão tomou uma decisão consciente de harmonizar as necessidades do corpo com os anseios da alma. Para tanto, identificamos quatro domínios principais, também chamados de pilares, para apoiar a arquitetura do programa de felicidade interna bruta, a saber:

i. Desenvolvimento socioeconômico equilibrado e equitativo,
ii. Conservação do ambiente natural,
iii. Preservação e prática da cultura, e
iv. Promoção da boa governança.

Acreditamos que, se nos importarmos o suficiente e compartilharmos o suficiente, todos nós no mundo teremos o suficiente. Mas como nem todos nos importamos e compartilhamos o suficiente, surgem disparidades, resultando em ressentimento e infelicidade. É importante, portanto, garantir que os benefícios do desenvolvimento sejam compartilhados equitativamente entre todas as regiões e pessoas.

Os esforços conjuntos do Butão para espalhar programas e instalações de desenvolvimento em todo o país destinam-se a levar serviços básicos para a população. O princípio orientador de equidade e justiça do governo real garante que o programa mínimo de desenvolvimento, incluindo instalações de comunicação, água potável, eletricidade, educação, saúde, serviços agrícolas, entre outros, chegue a todas as camadas da população. O objetivo é garantir que todo cidadão butanês tenha segurança econômica básica e bem-estar social para viver uma vida decente e gratificante.

Famoso como um dos dez *hotspots* de biodiversidade do mundo, o Butão é o lar de algumas das mais raras espécies de animais, plantas e aves espalhadas por uma ampla gama de altitudes e tipos de vegetação, do subtropical ao alpino. As sábias políticas do governo real garantiram que os ganhos econômicos que poderiam advir da exploração de nossos recursos naturais não ocorressem à custa da sustentabilidade ambiental. A Constituição do Reino do Butão estabelece que pelo menos 60% do país deve permanecer sob cobertura florestal para sempre. O Butão pode ser o único país no mundo hoje que se comprometeu a permanecer um sumidouro líquido de carbono em perpetuidade.

Para nós, há mais na natureza do que os olhos podem ver. Gerações de nossos ancestrais dependeram da generosidade da natureza não ape-

nas para atender às suas muitas necessidades físicas, mas também como morada de uma miríade de seres espirituais e divindades guardiãs. Sentimos um ambiente natural. A santidade e a força dessa cooperação entre o humano e o natural são cruciais para o sustento da vida e a experiência de segurança e felicidade.

A cultura é para um povo o que a alma é para o corpo. É a respiração viva e fluida de uma comunidade, o pulso, o princípio orientador de um povo. A cultura é a declaração, a orientação, a visão de mundo de uma nação. Para o Butão e os butaneses, a cultura é uma parte muito querida da nossa vida. Ela se expressa em nossos costumes e trajes, em nossa arte e arquitetura, em nossa língua e literatura, nossas canções, danças e esportes, nossos ritos e rituais, nossas orações e adoração, nossas celebrações e observâncias, nossas crenças e superstições, nossa fé e filosofia, nossos sinais e símbolos, nossos sons e silêncios. A cultura nos dá nossa identidade como nação e é vital para nossa felicidade.

A boa governança é uma função do serviço e fundamenta todos os outros pilares. Nossos líderes iluminados dedicaram toda a sua vida a serviço de nosso povo. O advento da democracia torna a governança em todos os níveis – individual, familiar, institucional, social, nacional – ainda mais crucial à medida que as expectativas e as demandas aumentam. Temos que garantir que a governança se torne um instrumento de serviço e que a democracia butanesa amadureça como um meio razoável, respeitável e honroso de criar as condições essenciais para o bem-estar e a felicidade de nossa população.

Se uma nação tem um sonho, cabe ao Setor Nobre, também chamado de Educação, abraçar e promover esse sonho. Mas, assim como a FIB é um afastamento revigorante do modelo econômico dominante de desenvolvimento, o sistema educacional do país deve seguir um novo paradigma que combine a necessidade de aguçar cérebros e habilidades com a necessidade de construir fé e caráter. Portanto, lançamos um programa nacional de reforma educacional chamado *Educando para a felicidade interna bruta*, a ser alcançado por meio do cultivo de Escolas Verdes para o Butão Verde.

Uma escola verde envolve e capacita todos os elementos do aluno, incluindo o natural, o intelectual, o acadêmico, o social, o cultural, o espiritual, o estético e o moral, produzindo de fato um graduado em FIB que exibe as qualidades de utilidade e graciosidade, e além!

Quando tal estudante entra na sociedade mais ampla, ele ou ela deve ser capaz de liberar muita boa vontade e energia positiva e tornar a sociedade e o mundo um lugar melhor para se viver. É a visão de um mundo mais auditivo, mais visível e mais sensível, construído sobre uma nova ética, uma nova civilização educacional, se você preferir.

A Felicidade Interna Bruta é o apelo da Estrela do Norte, a visão de uma vida mais bela, um mundo mais significativo. Alimentar Escolas Verdes é um passo crucial nessa direção.

A FIB é um sonho, um apelo, uma oração...

' Quando tal estudante entra na sociedade mais ampla, ele ou ela deve ser capaz de liberar muita boa vontade e energia positiva e tornar a sociedade e o mundo um lugar melhor para se viver. É a visão de um mundo mais auditivo, mais visível e mais sensível, construído sobre uma nova ética, uma nova civilização educacional, se você preferir. '

INTRODUÇÃO

A educação tem a rara distinção de ser chamada de Setor Nobre do serviço público porque as instituições de ensino há muito têm como missão principal cultivar a nobreza da mente, do coração e das mãos. Nos últimos anos, a integridade dessa missão, na verdade a missão em si, correu o risco de ser substituída por uma peregrinação casual, em grande parte sem foco, em vastos campos de investigação que mudam vidas.

É urgente remediar a situação. A abordagem predominantemente unidimensional para a aprendizagem deve ser revista e expandida a fim de acomodar as múltiplas dimensões da vida do aluno. Para tanto, o Ministério da Educação do Butão promoveu uma importante iniciativa de reforma educacional em dezembro de 2009 a fim de olhar a aprendizagem de uma perspectiva mais holística, em um esforço para restaurar a verdadeira essência da educação.

O programa nacional chamado *Educando para a felicidade interna bruta* deve ser realizado por meio da criação de Escolas Verdes como um meio de construir o Butão Verde. Ao longo dos últimos dois anos, vimos resultados gratificantes em todo o país, pois os relatórios demonstram que, escola após escola, houve melhora no desempenho acadêmico e

no comportamento dos alunos, redução nos problemas de disciplina e mudança positiva na vida geral de nossas instituições.

Embora alguns bons materiais tenham sido desenvolvidos para ajudar a implementar os elementos de uma Escola Verde, há a necessidade premente de recursos que ajudem educadores e alunos a atingir uma compreensão mais profunda dos próprios conceitos. O que se segue, então, é uma tentativa de fornecer uma explicação clara e sucinta de cada elemento para que possam ser mais bem utilizados a fim de que sejam compreendidas as múltiplas demandas da vida e, assim, seja enriquecido o processo de aprendizagem.

Cada disciplina que exploramos em nossas escolas e instituições é um tesouro de grandes ideias. Um passo importante nessa exploração é identificar as ideias poderosas em nossos textos que apoiam as reivindicações vitais da vida e da aprendizagem e, dessa forma, reconhecer que tanto a vida quanto a aprendizagem se tornam mais significativas se buscarmos a alma.

As Escolas Verdes são um meio pelo qual professores e alunos se envolvem com essas ideias e as tornam vivas. Elas são um meio de retornar ao cerne do ensino e da aprendizagem. Devemos aos nossos filhos e à nossa nação restaurar a educação ao alto cargo do Setor Nobre!

Este pequeno esforço é um convite e um apelo. Bem-vindo à *Minha escola verde*!

A ÁRVORE DA VIDA

Nossa vida é um milagre. Quando nascemos, éramos apenas um pequeno pedaço de carne. Nosso corpinho tinha cabeça e ombros, frente e costas, mãos e pés. Tínhamos o rosto todo enfeitado com olhos e orelhas, boca e nariz, bochechas e queixo. Havia dedinhos nas mãos e nos pés, pele e ossos macios e uma voz para fazer sons.

Cada pedacinho era tão delicado. Nosso corpo era tão delicado. Éramos tão delicados. Deixados sozinhos, poderíamos ter morrido. Mas sobrevivemos. Alguém fez um milagre. Nossos pais guardavam o segredo de nossa vida. Então vieram nossos irmãos e todos os anciãos atenciosos para garantir nossa vida.

Quando tínhamos sede e fome, nossa mãe nos dava leite e comida. Quando estávamos com frio e desconfortáveis, ela nos aquecia e nos deixava confortáveis. Quando nos machucávamos e chorávamos, ela chorava conosco e cantava uma canção de ninar. Então ficávamos tranquilos novamente. E quando ríamos, nossos pais riam conosco.

É assim que nossa vida foi feita – momento a momento, dia após dia, ano após ano. Nossos olhos se abriram para receber o mundo. Nossos ouvidos captaram a música da natureza. Nossas mãos tocaram os objetos e recebemos suas impressões. Nosso nariz e nossa língua também fizeram sua parte. Pouco a pouco, começamos a entender o mundo ao nosso redor.

Sob seus cuidados, prosperamos e nos tornamos meninos e meninas, homens e mulheres – com corpos saudáveis e dons especiais. Esse é o milagre da nossa vida. Tantas pessoas tornaram esse milagre possível – nossa mãe e nosso pai, nossas irmãs e nossos irmãos, nossas tias e nossos tios e todas as boas almas que fizeram parte da nossa vida.

Toda vida é preciosa. Mas a vida humana é a mais preciosa de todas. Como tal, como destinatários privilegiados de amor e cuidado altruísta, cabe a nós, crianças e adultos, jovens e velhos, honrar o presente que é a nossa vida. Cabe a nós proteger e preservar a santidade e a integridade da vida – a nossa e a dos outros.

Cada um de nós carrega a promessa de pleno florescimento. Se abusarmos desta vida, ferimos muitas pessoas que nos fizeram quem somos. Essa violência recai sobre nós mesmos e sobre todos que nos amam e querem que tenhamos sucesso.

> **Amor à vida, toda e qualquer vida, é o primeiro princípio da Educação.**

A ÁRVORE DA APRENDIZAGEM

À medida que crescemos e nossas faculdades se desenvolvem, descobrimos que nosso mundo infantil fluido e hesitante se torna um pouco mais estável e sensível. Os objetos solitários, separados e individuais começam a se conectar. Ganhamos melhor controle sobre o nosso entorno. Agora estamos mais confiantes sobre nosso lugar no esquema das coisas. Os objetos começam a ficar coerentes. E sabemos que pertencemos a esse lugar. Estamos avançando.

Essa capacidade crescente de descobrir relações é o início da classificação e da generalização. Passamos da relativa facilidade e elasticidade das rimas e do romance para a unidade e os padrões convincentes que unem todos os fenômenos. Então, mãe e pai se tornam pais, irmãos e irmãs são irmãos e todos nós juntos somos uma família. Assim com os sólidos, assim com os líquidos, assim com os gases!

É assim no caso de plantas, animais, pássaros e répteis. É verdade para nossas vocações e ocupações, *hobbies* e interesses. Todos eles começam como entidades únicas e separadas, mas se unem como uma família. Esse movimento do conhecido para o desconhecido e do particular para o geral marca um salto gigantesco em nossa tentativa de entender o mundo ao nosso redor e, nele, nosso papel.

Ao localizar relacionamentos, passamos do particular para o geral e vice-versa, do conhecimento de cada membro da família para o conhecimento da família como um todo – dos galhos para o tronco, se você preferir. No verdadeiro estilo Blake, nós avançamos.

Para ver o mundo em um grão de areia
E um paraíso em uma flor silvestre;
Tenha o Infinito na palma da sua mão
E a Eternidade em uma hora.

Essa capacidade de ir e vir, de descobrir relações, de encontrar padrões em coisas díspares é a verdadeira propensão. O finito e o infinito, o eterno e o efêmero – cada um participa do outro e a dança continua.

É a descoberta dessa unidade, desse padrão no que parece ser o caos, que forma a base da aprendizagem. Infelizmente, muito do que acon-

> Essa capacidade crescente de descobrir relações é o início da classificação e da generalização. Passamos da relativa facilidade e elasticidade das rimas e do romance para a unidade e os padrões convincentes que unem todos os fenômenos. Então, mãe e pai se tornam pais, irmãos e irmãs são irmãos e todos nós juntos somos uma família. Assim com os sólidos, assim com os líquidos, assim com os gases!

tece em nome da educação hoje revela nossa impaciência com o genuíno e o valoroso. Cultivamos nossos cérebros e aprimoramos nossas habilidades, mas negligenciamos completamente as graças salvadoras da fé e da sabedoria. Adquirimos informações, mas dificilmente desenvolvemos *insight*. Ficamos desconectados de nosso próprio *self* integral. Perdemos o centro do nosso *self*.

Agora é o momento de restaurar um processo de aprendizagem que nos conecta e nos reabilita à nossa pessoa indivisa. É por isso que precisamos de uma nova ética da educação. Precisamos nutrir cada ramo da árvore da aprendizagem. Significa, com efeito, honrar a reivindicação de cada um desses diversos elementos que disputam tempo e lugar no currículo.

Em outras palavras, precisamos recuperar o verdadeiro propósito da educação que também é chamada de Setor Nobre.

Um esforço importante nessa direção é o fomento das Escolas Verdes.

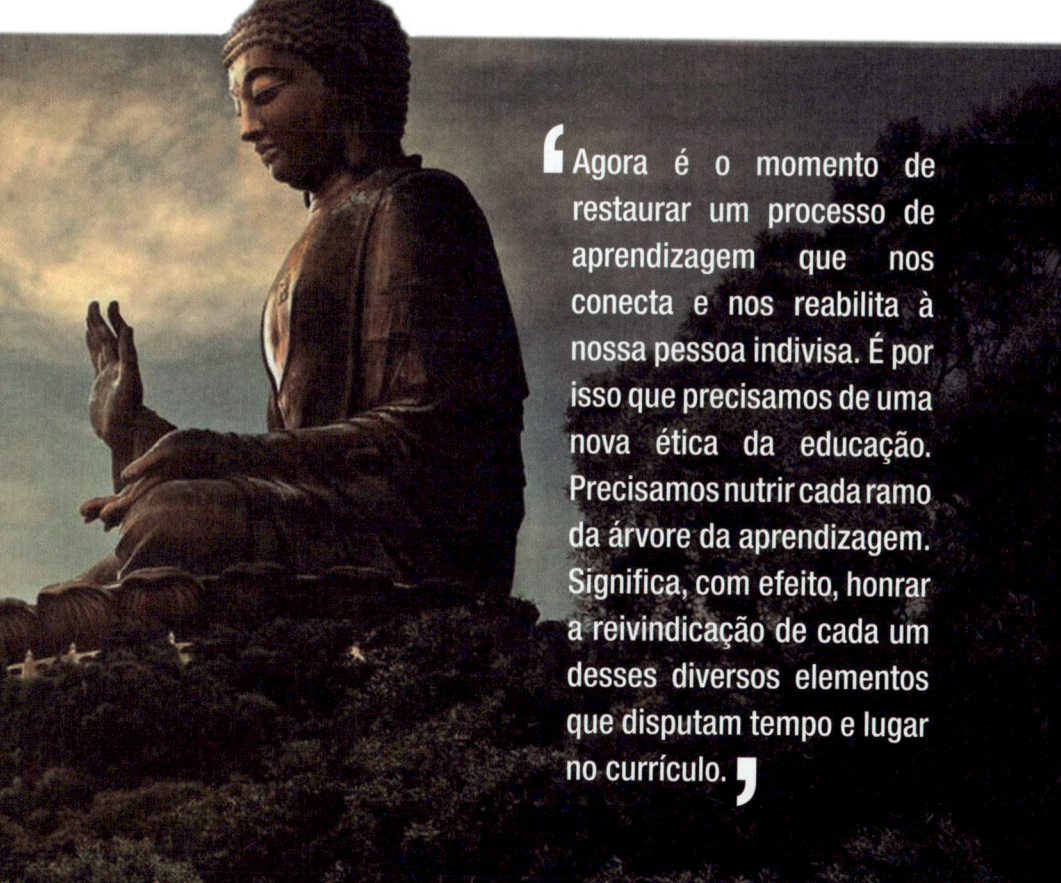

> Agora é o momento de restaurar um processo de aprendizagem que nos conecta e nos reabilita à nossa pessoa indivisa. É por isso que precisamos de uma nova ética da educação. Precisamos nutrir cada ramo da árvore da aprendizagem. Significa, com efeito, honrar a reivindicação de cada um desses diversos elementos que disputam tempo e lugar no currículo.

MINHA ESCOLA VERDE

Verde é uma cor. É a cor primária da Natureza. Mas também é uma metáfora. Verde representa tudo e qualquer coisa que apoie e sustente a vida em todas as suas variadas formas – humana, animal, vegetal e todos os outros seres vivos. No contexto atual, quando a sustentabilidade da vida se tornou uma preocupação global, o verde como metáfora assume um significado crítico. É o princípio organizador à medida que desenvolvemos nossas cidades, construímos nossas casas e escritórios e aumentamos a infraestrutura.

Essa consciência da graça salvadora do elemental na Natureza pode ser a gota d'água em nossa frágil tentativa de saber quem somos e qual é o nosso lugar no grande esquema da Natureza. No contexto da educação, o verde é a orientação necessária da nossa mente, do nosso coração e das nossas mãos quando os envolvemos no cultivo do útil e do gracioso, do verdadeiro e do bom, do esclarecedor e do edificante. Qual é o sentido de passar anos em espaços elevados de aprendizagem se nosso ser essencial permanece desconectado?

Minha Escola Verde é verde para além da cor. É verde porque começa com o Amor à Vida. Minha escola afirma a primazia e a preciosidade da vida. Sou mais do que um aluno aqui – valorizado por minhas habilidades mentais e classificado em uma categoria de desempenho por aquilo que produzo em um exame, por mais importante que seja. Essa escola

> No contexto atual, quando a sustentabilidade da vida se tornou uma preocupação global, o verde como metáfora assume um significado crítico. É o princípio organizador à medida que desenvolvemos nossas cidades, construímos nossas casas e escritórios e aumentamos a infraestrutura.

me assume como o ser inteiro, integral e complexo que sou e cria o espaço necessário para que eu floresça em minha plenitude.

Um dos pecados capitais da educação moderna é o reducionismo. Isso reduz a integridade do Setor Nobre em todos os níveis – visão, política, planejamento, programação, entrega, avaliação, resultado. Compromete a integridade dos espaços de aprendizagem, diminui a expectativa dos doadores e dos receptores. Ele barateia a aprendizagem e, portanto, presta um desserviço ao aluno e à vida.

A necessidade do momento é a de que o Setor Nobre se redima. Comecemos pela própria Vida. Considere o que nos torna quem somos. A Mandala de Sherig é um bom ponto de partida. Estabelece as reivindicações da vida nos processos de aprendizagem. Pois, no mínimo, o aprendiz é um complexo de elementos naturais, sociais, culturais, intelectuais, acadêmicos, estéticos, espirituais e morais.

Essa é a Minha Escola Verde. Vamos, brevemente, repassar cada elemento em relação à vida e à aprendizagem.

A Mandala de Sherig

(como concebida pelo autor)

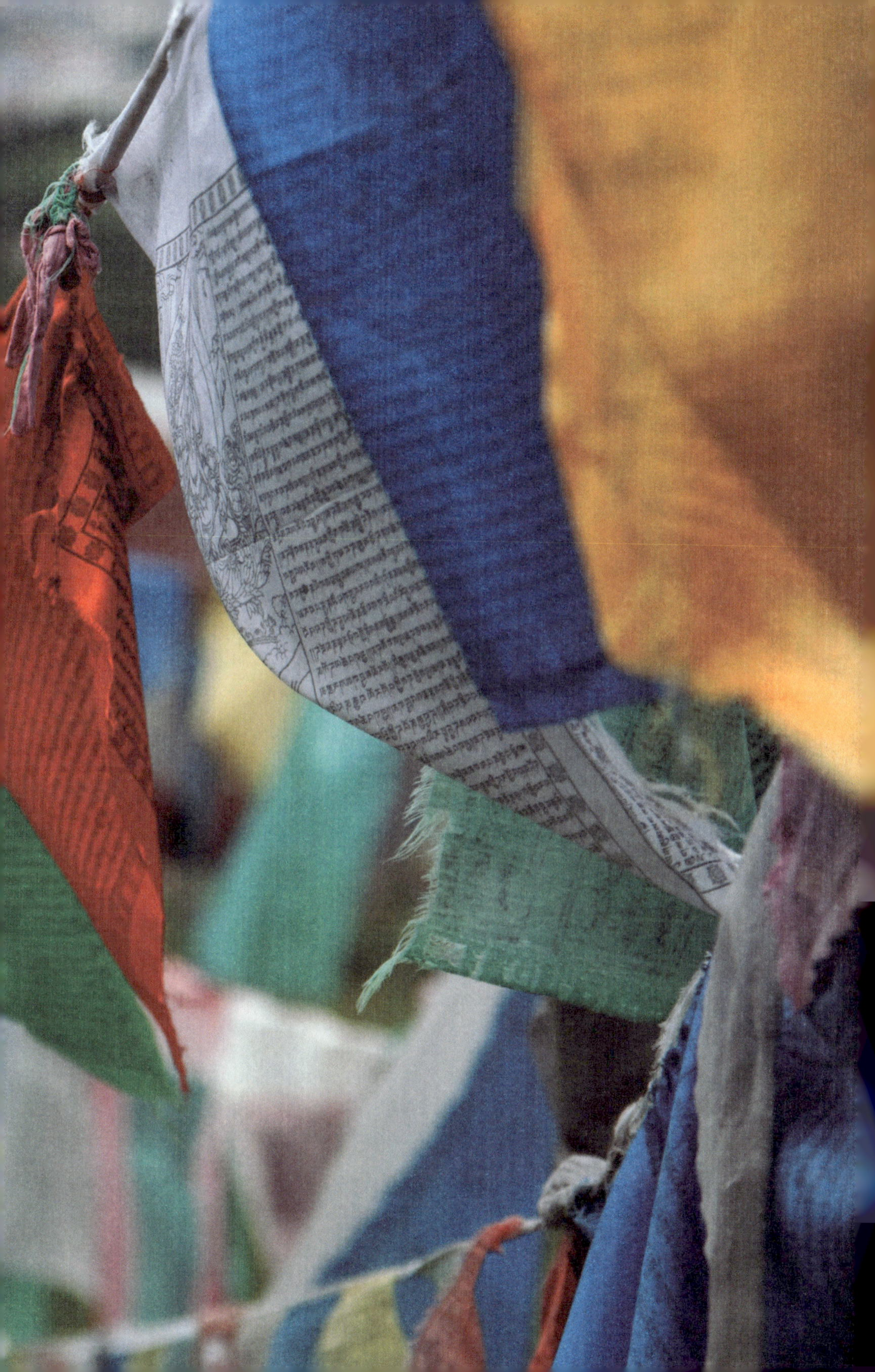

AS CORES DA VIDA

Essa é a Minha Escola Verde. Tem a cor da Natureza, a cor da vida. Não importa o que eu veja no meu caminho até lá. Mesmo de longe, minha escola me acolhe. Ao cruzar seus portões, meu coração se expande e minha mente cresce. Meus olhos se deliciam com as bênçãos da Mãe Natureza em árvores, flores, frutas, pequenos lagos e riachos cintilantes que adornam o entorno da minha escola. Eu ouço o canto dos pássaros e o som de uma miríade de seres que fazem da minha escola o seu lar.

O ar sem poeira traz para mim a fragrância das flores e o perfume da Mãe Terra. Posso até saborear a dádiva das frutas e seduzir minhas papilas gustativas. Minhas percepções recebem as impressões de muitos tipos graças ao dom do tato. Todos os meus sentidos estão despertos e vivos! Estou totalmente desperto, totalmente humano.

Minha escola pode não ter as melhores instalações, mas aproveitamos ao máximo o que temos. O ambiente é absolutamente impecável. Assim como nossas salas de aula, corredores, passarelas, banheiros e todas as outras instalações. Nossos escritórios, salas de funcionários, dormitórios e refeitórios são uma alegria de se ver.

Cuidamos de todos os recursos que nos são fornecidos. Apagamos as luzes e fechamos as torneiras quando não estão sendo usadas. Nossa escola é livre de plástico, entulho, lixo, pichação e drogas.

A limpeza fica junto da compaixão na minha escola.

O verdor natural suaviza e alivia a dureza de nossas paredes de concreto, a aspereza das superfícies metálicas e a frieza dos vidros. As deficiências de projetos estruturais e perdas estéticas são compensadas pelo ambiente físico que criamos com as bênçãos da Mãe Natureza.

Esse território natural e ambientalmente verde tem um efeito refrescante e acolhedor para nossos olhos e para todos os outros sentidos. O que acalma nossos olhos acalma nossas mentes. E quando recebemos bons estímulos pela manhã, ficamos mais bem equipados para o trabalho do dia e além.

Se estamos em um internato, recorremos ao solo para nos alimentar. Tocamos o solo e plantamos as sementes. Cultivamos nossa comida, nossas próprias frutas e nossos vegetais. Privilegiamos o natural e o orgânico.

Em nossas pequenas iniciativas, promovemos a sustentabilidade. E damos exemplo!

Um ambiente assim nos aproxima dos elementos vivificantes da Mãe Terra. O poder autossustentável da natureza nos faz perceber o quanto

> *Precisamos da terra, do mar e do céu mais do que eles de nós. Precisamos mais do ar, da água e das plantas do que eles de nós. Uma Escola Verde nos ensina a sermos mais humildes e respeitosos – em nosso envolvimento com o mundo mais amplo. Isso nos torna mais conscientes e um pouco mais cuidadosos. Esse é o segredo da nossa sobrevivência e da sobrevivência do nosso planeta.*

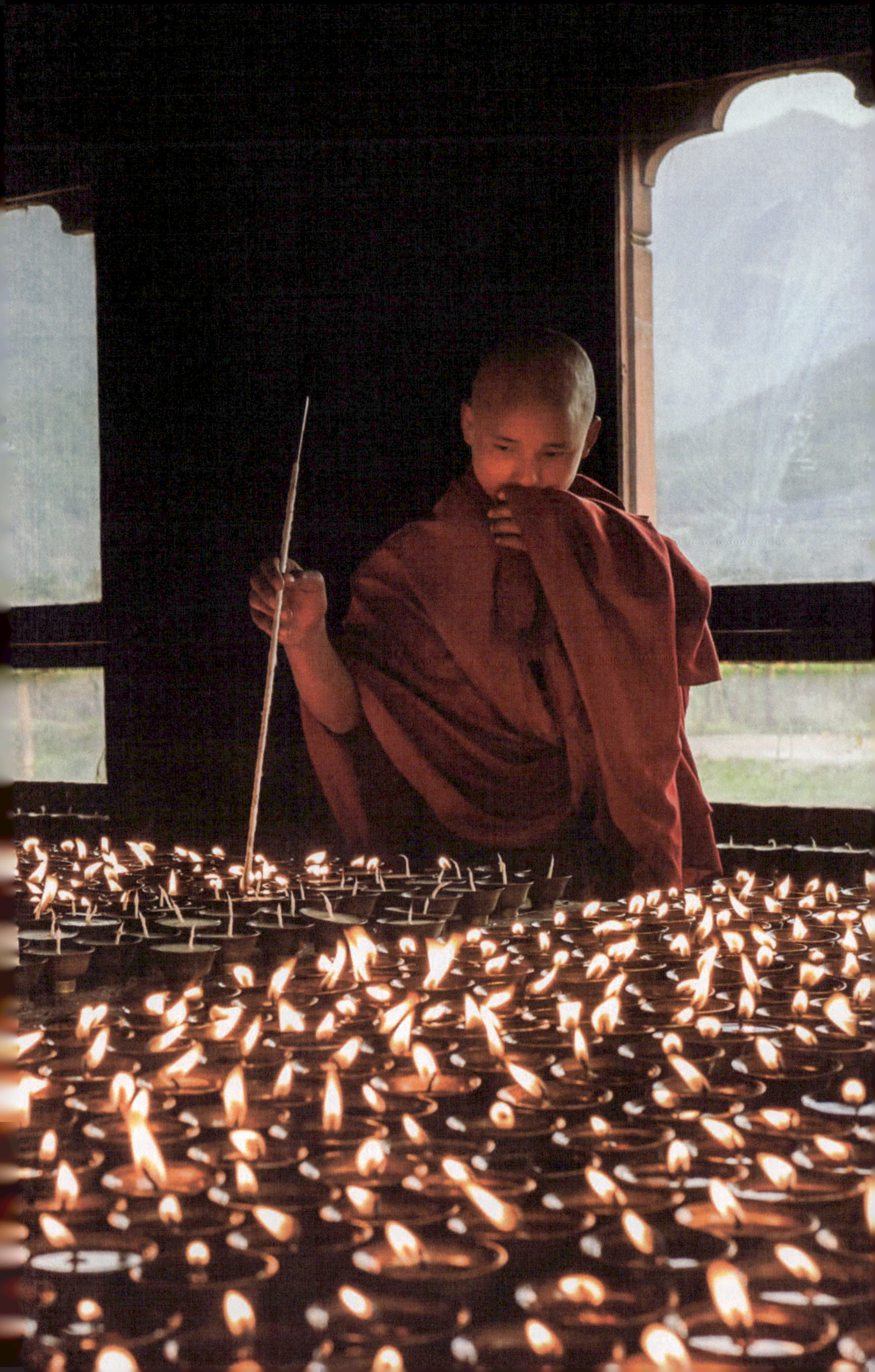

somos dependentes dos elementos da Mãe Terra para nossa sobrevivência. É por isso que **precisamos honrar**

> a terra em que estamos
> o ar que respiramos
> a água que bebemos
> tudo o que nos sustenta de fato.

Essa também é a razão por que precisamos honrar nosso vínculo com os animais, as plantas, os pássaros, os répteis e todos os seres vivos com os quais coabitamos nosso planeta.

Precisamos da terra, do mar e do céu mais do que eles de nós. Precisamos mais do ar, da água e das plantas do que eles de nós. Uma Escola Verde nos ensina a sermos mais humildes e respeitosos – em nosso envolvimento com o mundo mais amplo. Isso nos torna mais conscientes e um pouco mais cuidadosos. Esse é o segredo da nossa sobrevivência e da sobrevivência do nosso planeta.

Essa é a Minha Escola Verde.

Reflexões

- Vejamos alguns dos elementos que tornam nossa escola, faculdade ou comunidade verde.
- O que você e eu podemos fazer, individualmente e juntos, para tornar nossa escola, faculdade ou comunidade naturalmente verde?
- Vamos procurar conexões entre o que estamos estudando e nossa vida diária.
- Se nossa escola for verde nas formas descritas anteriormente, que diferença isso fará para nosso país?

VERDOR SOCIAL

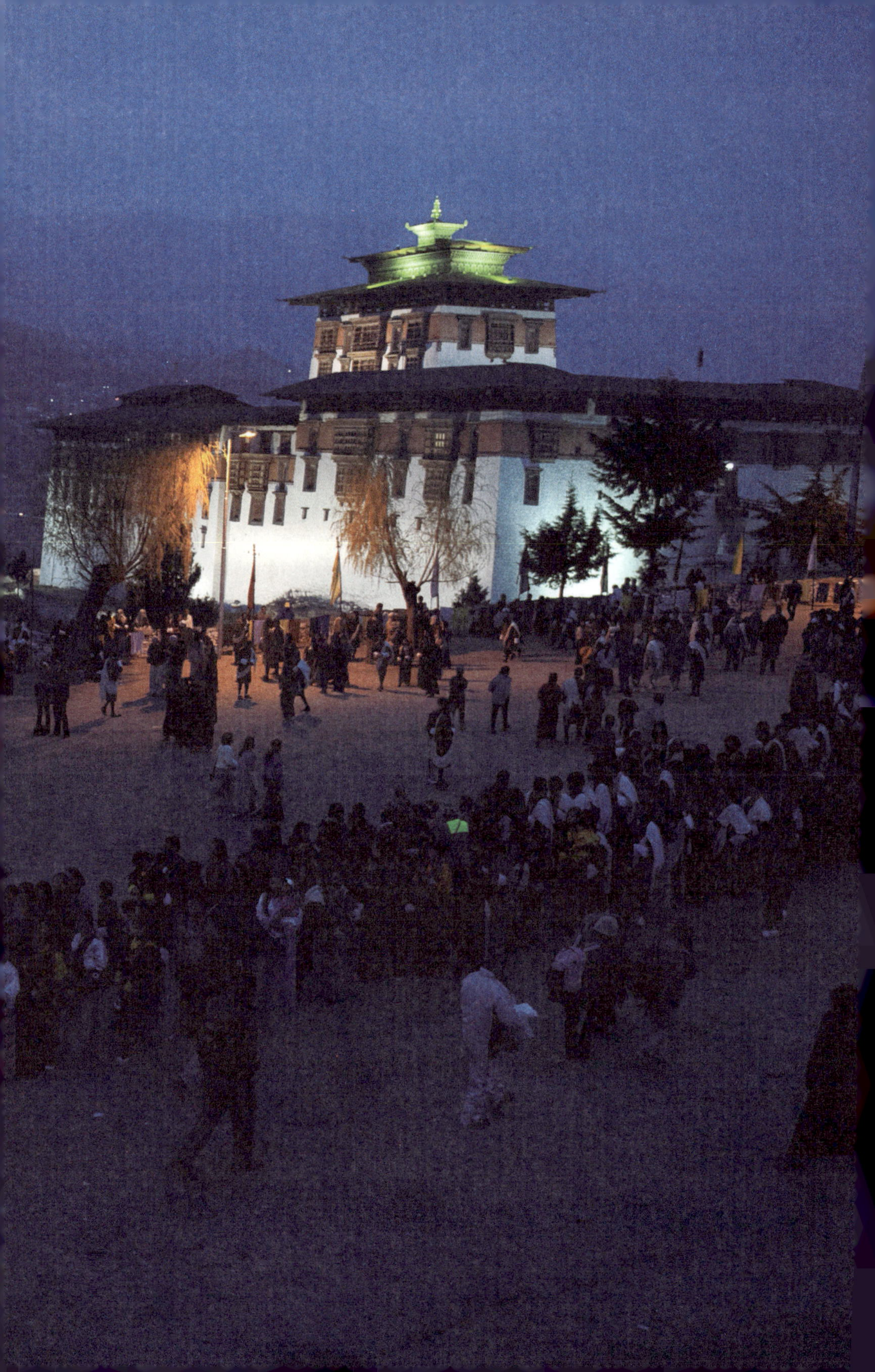

VIVENDO JUNTOS: APRENDENDO JUNTOS

Essa é a Minha Escola Verde. É mais do que espaço e edificações, mais do que matéria e materiais. Minha escola é a expressão de um sonho, de uma necessidade, de uma oração. Ela carrega as impressões do desejo e do trabalho de muitas pessoas. Quando crianças e educadores convergem aqui, construímos uma comunidade, um espaço comum, um lar compartilhado para aprender, crescer e se desenvolver.

Trazemos aqui nossos nomes e endereços, nossa singularidade e nossa semelhança. Crianças e professores, viemos de muitos lares e aldeias, com diferentes crenças e formações, nossos próprios sonhos sagrados e esperanças. Conhecemos pessoas que nunca encontramos antes, construímos amizades e desenvolvemos compreensão. Uma vez aqui, nos tornamos parte da visão e da cultura de nosso espaço de aprendizagem.

Compartilhamos a terra, o sol, a lua e as estrelas. Respiramos o mesmo ar e olhamos para o mesmo arco-íris e o mesmo horizonte.

O que mais? Compartilhamos os mesmos tempo e espaço!

Quando chegamos à escola, trazemos mais do que nossos corpos, livros e artigos de papelaria. Trazemos nossa vida e sua promessa, nossa sacralidade e nossa nobreza. Chegamos com nossas esperanças e nossos medos, nossa fé e nossa superstição, nossa ansiedade e nossa confiança. Nossa capacidade para o bem e para o mal também vem conosco.

Esse é o nosso universo especial – a nossa escola. Nós o cocriamos e damos o nosso melhor. Oferecemos para nossa escola nossa capacidade de amar, de construir, de compartilhar e de fazer a diferença onde quer que estejamos. Nossa turma, nosso clube, nossos espaços, nosso ambiente recebem as impressões de nossa mente, nosso coração e nossas mãos quando os deixamos melhores do que os encontramos.

Minha Escola Verde é uma aula à parte porque é sustentada por nossas contribuições individuais e coletivas por meio da harmonia, da amizade e da compreensão. Honramos uns aos outros e apoiamos uns aos outros – para crescer, ter sucesso, desabrochar e florescer. Valorizamos e protegemos a santidade da vida de cada membro e a celebramos como o bem mais precioso que temos.

Seguimos nossa própria estrela mesmo quando mantemos os pés firmes no chão. Mas cada um de nós também é o guardião do outro. Somos um em nossos momentos otimistas, bem como nos momentos de desesperança. Um certo rosto, um certo humor fala de uma certa condição humana.

Naturalmente, seguimos as mágoas por trás dos sorrisos, a calma escondendo uma tempestade de emoções, o medo por trás de uma demonstração de confiança.

Muitas coisas são importantes na Minha Escola Verde. Mas a vida é o mais importante de tudo. É por isso que somos o guardião do nosso irmão e o guardião da nossa irmã. Avançamos juntos. Abençoamos nossa escola, nossos professores e nossos amigos e recebemos suas bênçãos em troca. Como eu sou, assim é meu amigo, assim é minha escola, assim é minha nação.

Se aprendemos a construir harmonia e boa vontade na escola, seremos instrumentos de harmonia e boa vontade aonde quer que formos depois da escola. Tendo sido um construtor de energia positiva e compreensão na escola, cada um de nós levará essas graças salvadoras para nosso lar, nossa sociedade, nossa nação e para o mundo além.

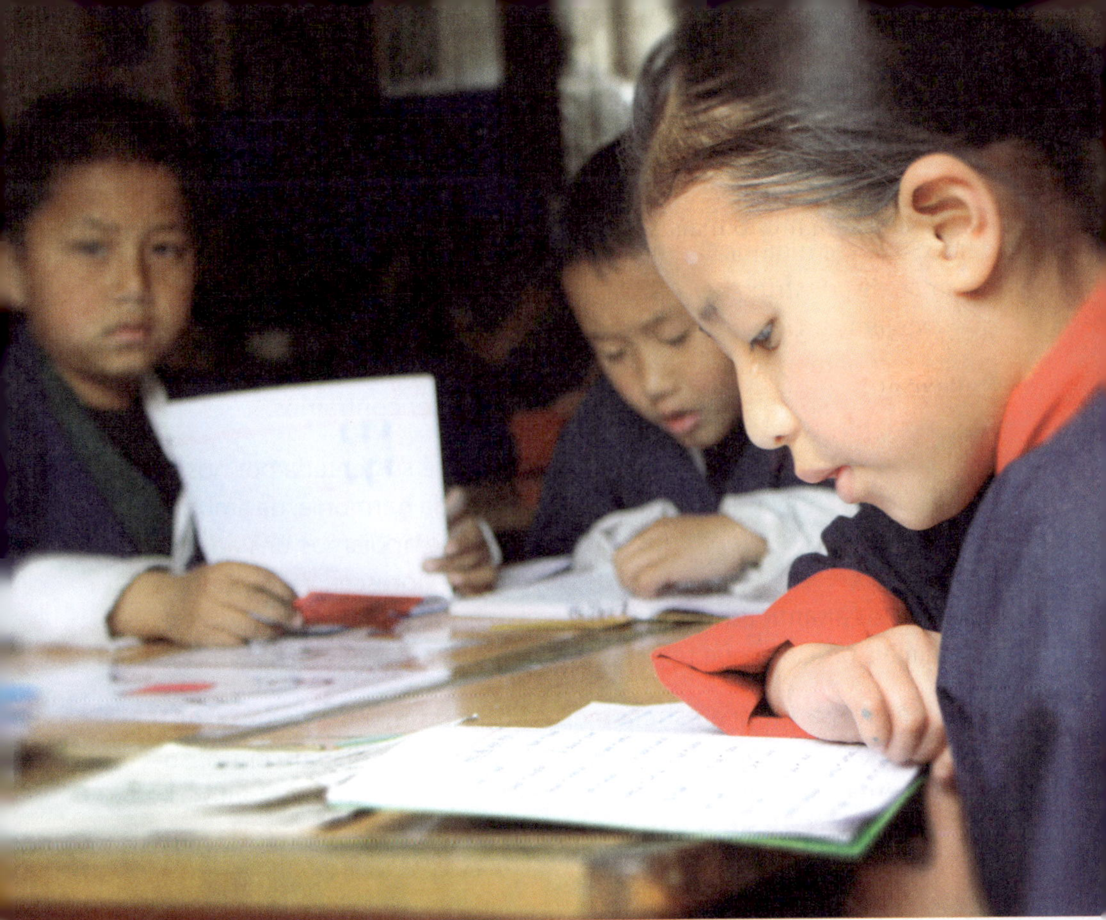
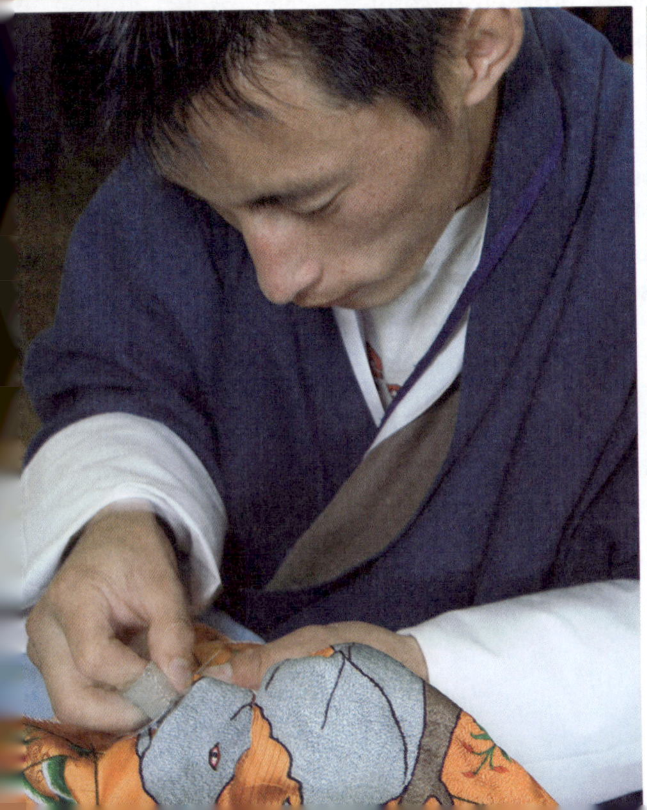
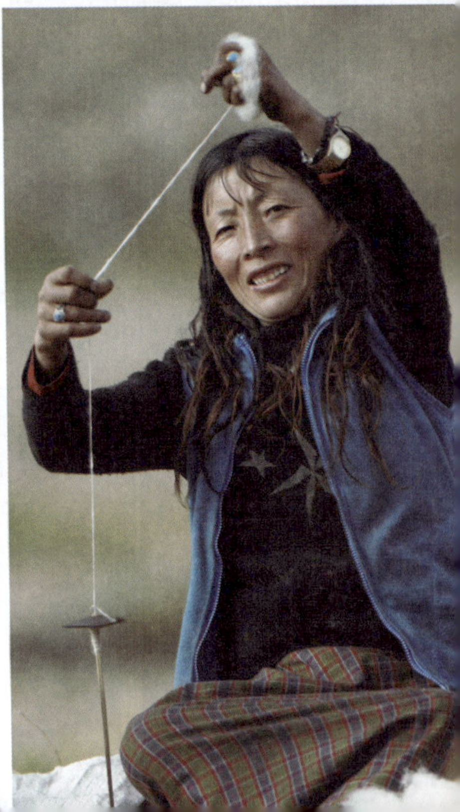

Nossa vida será muito mais doce, nossa nação, muito mais feliz e nosso mundo, muito mais pacífico.

Esta deve ser a Minha Escola Verde.

Reflexões

- Vamos discutir e compartilhar as várias maneiras pelas quais cada um de nós pode construir um verdor social.
- Quando foi a última vez que você ajudou alguém a se sentir melhor? Como você se sentiu no momento?
- Por que é importante que escolas e instituições construam o verdor social?
- Como uma escola socialmente verde ajuda a construir uma nação mais feliz e um mundo mais pacífico?
- "A educação deveria ter um propósito mais nobre do que simplesmente preparar os jovens para o mercado de trabalho". Vamos discutir e compartilhar nossas opiniões sobre essa declaração.

> Muitas coisas são importantes na Minha Escola Verde. Mas a vida é o mais importante de tudo. É por isso que somos o guardião do nosso irmão e o guardião da nossa irmã. Avançamos juntos. Abençoamos nossa escola, nossos professores e nossos amigos e recebemos suas bênçãos em troca. Como eu sou, assim é meu amigo, assim é minha escola, assim é minha nação.

VERDOR
CULTURAL

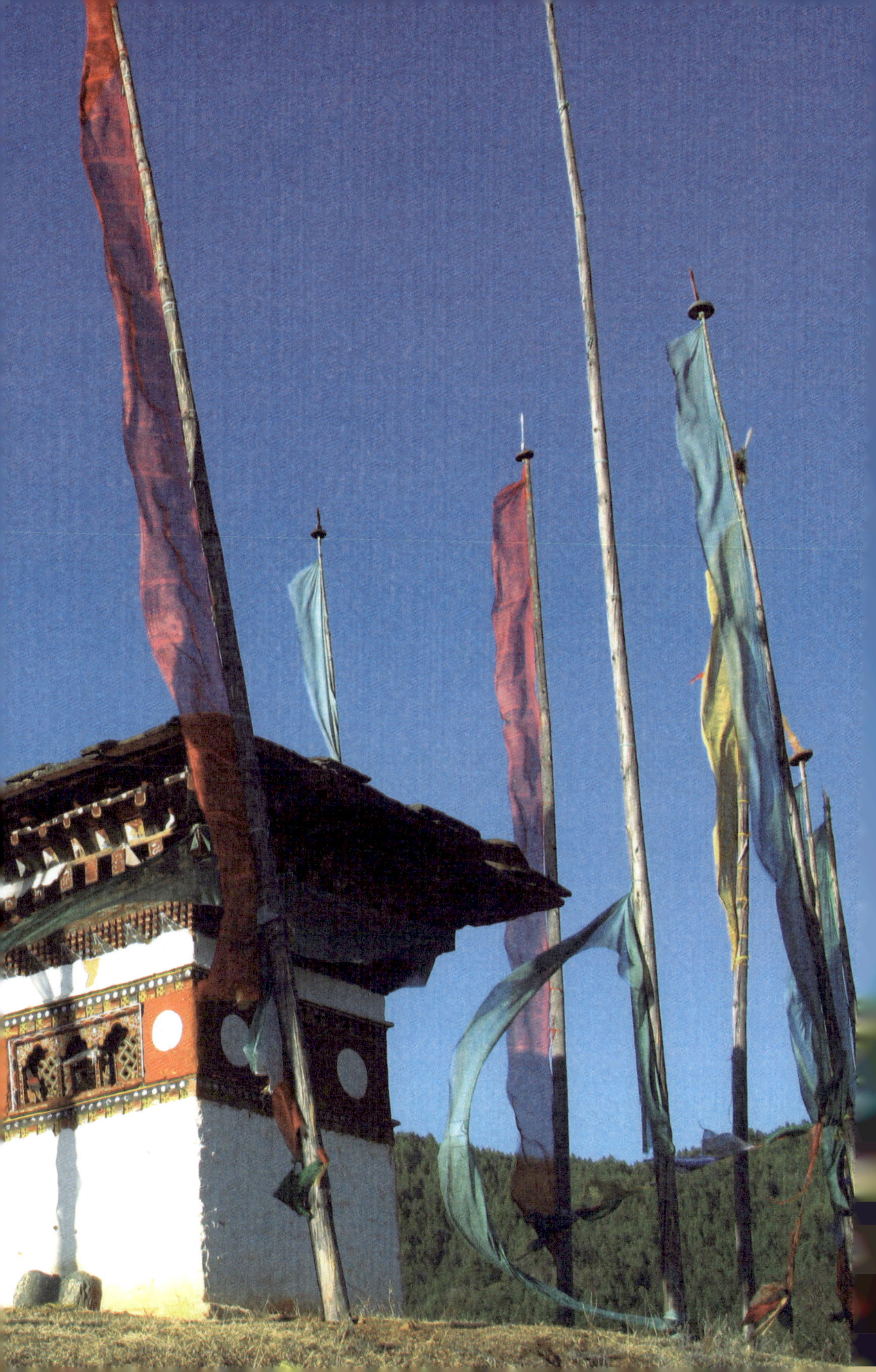

NOSSO MODO DE SER...

Nascemos ao natural. Nus, puros e inocentes. Não devemos nada. Nada nos é devido. Não temos nenhuma relação, nenhuma tensão, nenhuma culpa. Nós apenas somos!

No momento em que ouvimos a primeira voz humana, nos tornamos um objeto de cultura. O tom e o volume, a respiração medida e o toque suave vêm da cultura. À medida que a criança cresce e ouve mais, vê mais e sente mais, a cultura dos pais torna-se a cultura da criança.

À medida que passamos de simplesmente ser para vir a ser, aprendemos que existem maneiras esperadas e maneiras corretas de nos conduzirmos e de fazermos as coisas. Existem maneiras de falar, vestir, sentar, ficar em pé, comer, beber, orar, brincar, cantar, dançar e fazer mil outras coisas que seriam consideradas normais e adequadas. Podemos ser repreendidos por sermos grosseiros!

Aprendemos também que precisamos estar atentos a respeito de com quem falamos, onde falamos, a hora e o contexto em que falamos, o volume e o tom de nossa fala, o contato visual, os gestos físicos, a expressão facial, a linguagem corporal, a distância entre nós e a pessoa abordada.

> Com o tempo, aprendemos que é um comportamento correto ficarmos em pé enquanto falamos com pais, idosos e senhoras, e todas as outras pessoas que respeitamos, e oferecer nossos assentos a eles. Também é correto não se voluntariar para apertar a mão de idosos e autoridades, a menos que seja oferecido, esperar ser solicitado a sentar ao visitar escritórios e residências, dizer "por favor" e "obrigado" para pedir favores e reconhecer um serviço.

Com o tempo, aprendemos que é um comportamento correto ficarmos em pé enquanto falamos com pais, idosos e senhoras, e todas as outras pessoas que respeitamos, e oferecer nossos assentos a eles. Também é correto não se voluntariar para apertar a mão de idosos e autoridades, a menos que seja oferecido, esperar ser solicitado a sentar ao visitar escritórios e residências, dizer "por favor" e "obrigado" para pedir favores e reconhecer um serviço.

A cultura espera que não chamemos nossos pais, professores e idosos pelo primeiro nome, que usemos honoríficos corretos para nos referirmos a diferentes personalidades, que não bocejemos com a boca descoberta, que não arrotemos enquanto outros comem nem façamos barulho com os talheres e os pratos.

" A pontualidade é uma marca cultural importante, assim como o cumprimento e a despedida, o recebimento e o oferecimento de coisas, as boas-vindas e a despedida dos convidados, da mesma forma como a pontuação na escrita formal. "

Coisas simples como onde mantemos nossas pernas e mãos e como as mantemos quando nos sentamos na frente dos outros são importantes, assim como guardar nosso celular ou nossa bolsa. Curvar-se na cadeira ou sentar-se corretamente, falar de boca cheia, sorver chá de forma barulhenta ou deixar cair comida também são notados.

A pontualidade é uma marca cultural importante, assim como o cumprimento e a despedida, o recebimento e o oferecimento de coisas, as boas-vindas e a despedida dos convidados, da mesma forma como a pontuação na escrita formal. Aprendemos que nossas casas são construídas de uma certa maneira, assim como nossos templos, nossas instituições e nossos escritórios.

Existem maneiras pelas quais conduzimos nossas cerimônias e nossos rituais, decidimos nossos pesos e nossas medidas, contamos nossos números e determinamos o volume.

Há expressões mais sutis de cultura. Estas se relacionam com nossas crenças, nossas superstições, nossos valores, nossa noção de sucesso, nossa ideia de progresso, nossa visão da humanidade, nosso conceito de Natureza e nossa visão de mundo.

> ❛ Na Minha Escola Verde, a cultura é uma forma de cultivar o refinamento em nossos pensamentos, nossas palavras e nossas ações. É aprender a apreciar e celebrar mutuamente uns aos outros. É ser sensível à diversidade e respeitar uns aos outros por quem cada um de nós é. ❜

> Se um espaço de aprendizagem valoriza a santidade de cada pessoa, cultiva a doçura e a luz como um objetivo e os traz para a vida da sociedade, tem que ser a Minha Escola Verde.

A cultura, portanto, é o somatório de todos esses elementos tangíveis e imateriais que constroem nossa identidade como povo e como nação. A cultura é a forma como somos e a forma como expressamos quem somos.

Na Minha Escola Verde, a cultura é uma forma de cultivar o refinamento em nossos pensamentos, nossas palavras e nossas ações. É aprender a apreciar e celebrar mutuamente uns aos outros. É ser sensível à diversidade e respeitar uns aos outros por quem cada um de nós é.

Aqui, nos orgulhamos de fazer o melhor que cada um de nós é capaz – nos estudos, nas atividades e na construção do caráter. Como os professores fornecem bons exemplos, valorizamos ler, escrever e falar bem – não apenas para os exames, mas para a vida.

Sinceridade, coragem, autodisciplina, horizontalidade, honestidade e cooperação, sem competitividade acirrada e tentativas de vencer a qualquer custo, essas são as marcas registradas da cultura em minha escola. A cultura define o que nossa escola valoriza e considera importante em sua relação consigo mesma, com seus membros e com a comunidade além dela.

Se um espaço de aprendizagem valoriza a santidade de cada pessoa, cultiva a doçura e a luz como um objetivo e os traz para a vida da sociedade, tem que ser a Minha Escola Verde.

Reflexões

- Vamos falar sobre o que entendemos por cultura.
- "Não podemos ser educados se não formos cultos." Vamos explorar essa ideia.
- "A cultura não é algo para se falar sobre, mas algo a ser vivido." Vamos discutir isso.
- Qual é o valor do verdor cultural na vida de uma nação?
- Como podemos verificar o impacto negativo da modernização em nossa cultura?

❛ Sinceridade, coragem, autodisciplina, horizontalidade, honestidade e cooperação, sem competitividade acirrada e tentativas de vencer a qualquer custo, essas são as marcas registradas da cultura em minha escola. A cultura define o que nossa escola valoriza e considera importante em sua relação consigo mesma, com seus membros e com a comunidade além dela. ❜

**VERDOR
INTELECTUAL**

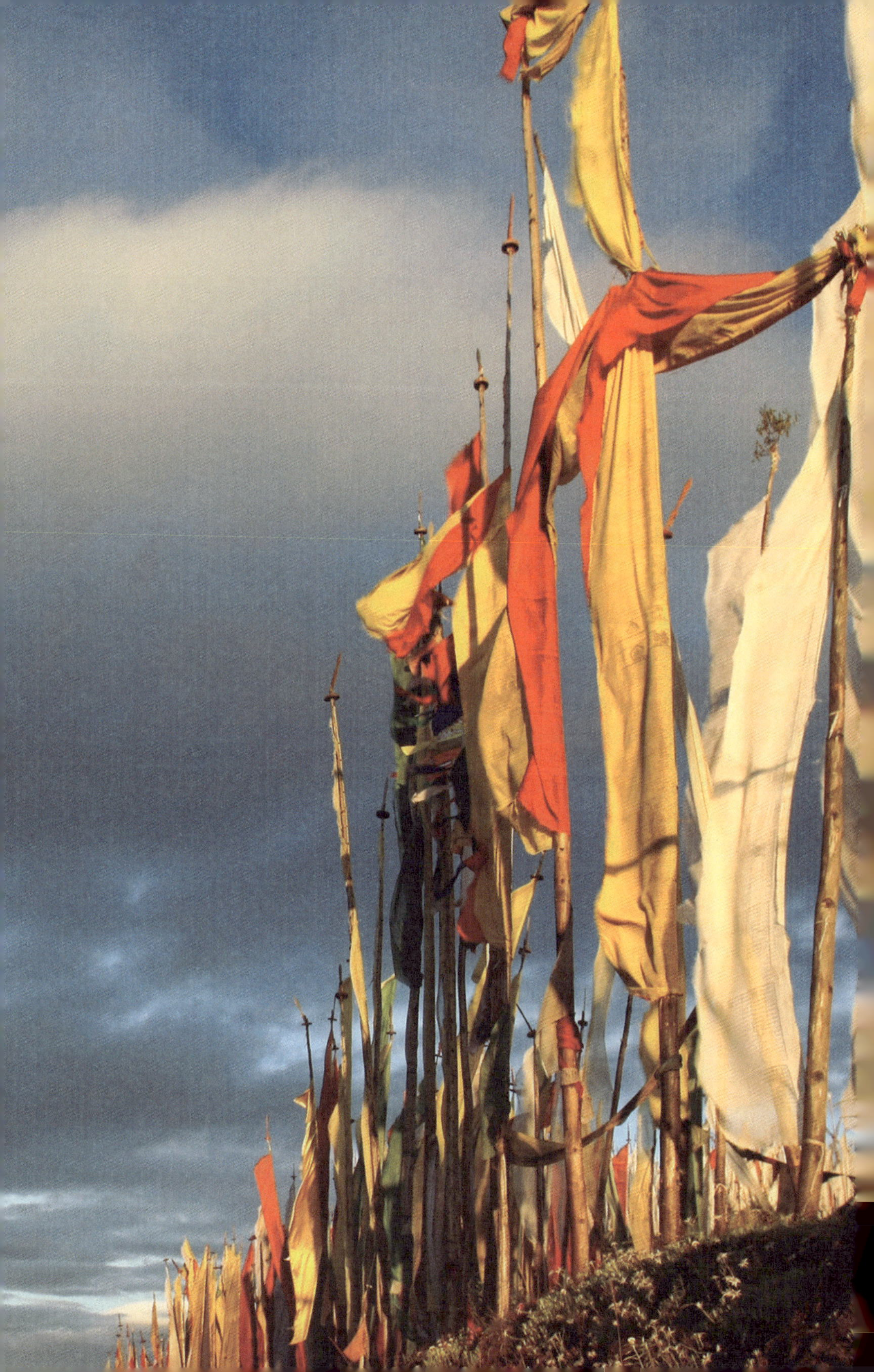

A MENTE DA MINHA ESCOLA

Nós, humanos, somos seres pensantes. Nossa mente produz uma incrível variedade de pensamentos. Ela pode se mover da questão mais simples para a mais complexa.

Todo o progresso do mundo foi possível por causa da atividade da mente humana. Veja as invenções, as descobertas e as criações que fizeram do nosso mundo o que ele é hoje. Nossa mente é nossa maior dádiva. É o lar de todas as ideias. E nossas ideias movem o mundo.

Na Minha Escola Verde, o cultivo da mente é crucial. A vida da minha escola é de fato a vida da nossa mente. Podemos ter grandes edifícios, um belo terreno, recursos maravilhosos, instalações de última geração de todos os tipos. Mas o que acontece dentro desses ambientes é o mais importante.

Precisamos refletir sobre a qualidade das ideias que circulam

- **dentro das nossas salas de aula**
- **nas salas de reunião**
- **nas salas dos funcionários**
- **em nossos escritórios**
- **nos corredores**

O tipo de mente que os professores, estudantes e gestores trazem para a escola define a integridade de um espaço de aprendizagem. Uma vez que cultivar o poder de nossa mente é a razão pela qual chegamos a um espaço de aprendizagem, é justo perguntar: Nossa mente é

- **aberta a novas ideias?**
- **desafiada por novos conhecimentos, novas informações e novas aprendizagens?**
- **habituada a pensamentos positivos e comportamento criativo?**
- **estimulada a evoluir à medida que adquirimos novos conhecimentos e avançamos ano a ano?**

A mente verde se envolve em pensamento positivo, diálogo construtivo e ação significativa que fazem uma diferença bem-vinda na maneira como as coisas são. É lógico, portanto, que a vida de um espaço de aprendizagem deva ser conscientemente organizada para alcançar o envolvimento mais criativo da mente dos estudantes.

O excerto de um antigo conto infantil vem a calhar:

Dois homens olharam para fora pelas grades de sua cela.
Um viu a lama. O outro, as estrelas!

A mesma pessoa, menino ou menina, homem ou mulher, poderia escolher entre ver a lama ou as estrelas. É decisão da mente envolver-se em pensamentos edificantes e sonhar alto. Também é escolha da mente rebaixar-se e colocar-se entre as impurezas.

O cultivo de mentes verdes traz imensos benefícios para indivíduos e instituições e, acima de tudo, para as nações. Dado o fato de que o segmento mais precioso da população está em escolas e instituições afins, a qualidade das mentes que nutrimos em nossos espaços de aprendizagem decide a vida intelectual da nação.

A mente da minha escola se torna a mente da minha nação.

Essa é a Minha Escola Verde.

Reflexões

- Vamos identificar e examinar três dos elementos mais importantes que constroem a vida mental de nossa escola, nossa faculdade ou nossa comunidade.
- Que elementos constituem a vida exterior e interior dos nossos espaços de aprendizagem?
- O que fazemos como professores, alunos e gestores dentro de nossos espaços de aprendizagem?
- Como mentes verdes e hábitos verdes ajudam a construir a vida intelectual de nossa nação?

> A mesma pessoa, menino ou menina, homem ou mulher, poderia escolher entre ver a lama ou as estrelas. É decisão da mente envolver-se em pensamentos edificantes e sonhar alto. Também é escolha da mente rebaixar-se e colocar-se entre as impurezas.

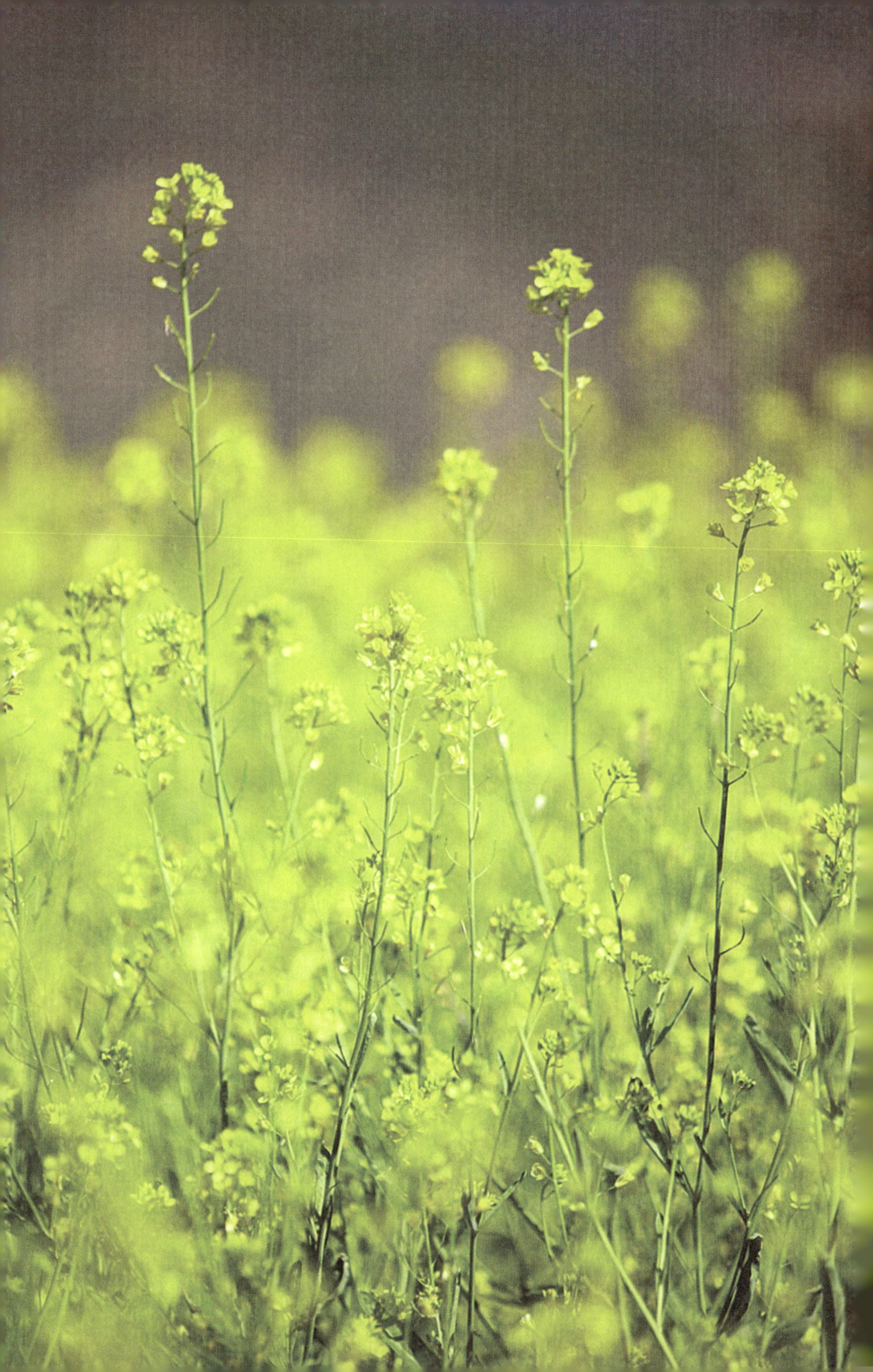

VERDOR ACADÊMICO

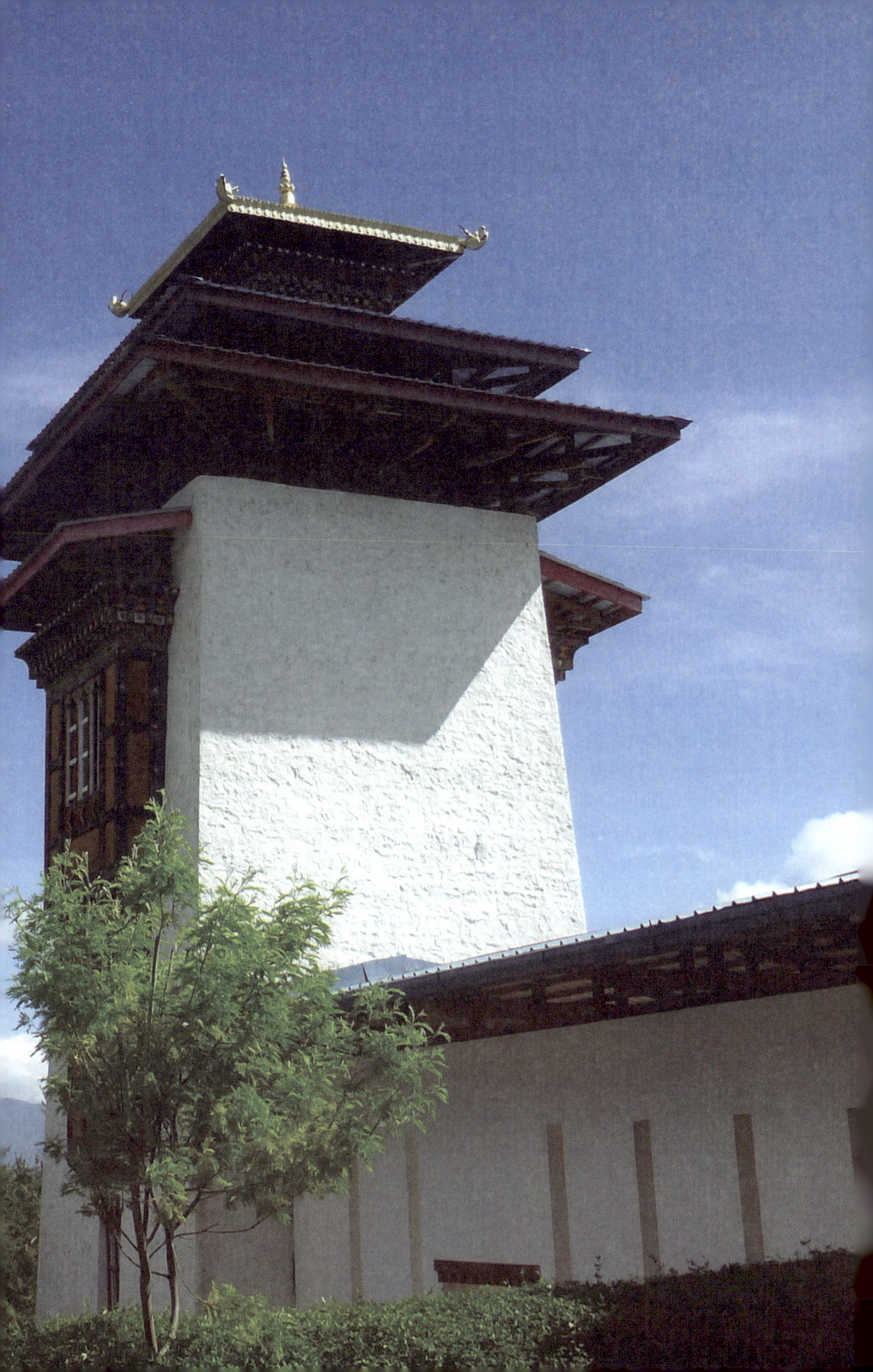

APRENDER É DIVERTIDO!

Quando pensamos em escola, pensamos em prédios, quadras esportivas, pessoas e livros. Os livros trazem ciência e matemática e linguagem e estudos sociais. Ao virar as páginas, vemos Butanês e Inglês, História e Geografia, Meio Ambiente, etc. Em seguida, vêm Linguagens e Literatura, Física e Matemática, Biologia e Química, Economia e Informática, Contabilidade e Direito Empresarial, Ciências Espaciais e Oceanografia, Mudanças Climáticas e Tsunamis, Sonetos e Contos.

Nós as aceitamos como sendo naturalmente coisas a serem ensinadas e aprendidas em um ambiente educacional. Montamos todo um Ministério da Educação, nomeamos funcionários importantes, construímos escolas e instituições em todo o país e nomeamos mais pessoas. Reunimos crianças e jovens de uma certa idade e os mantemos conosco por longos períodos de tempo. Vastos recursos são direcionados e um tempo precioso é cuidadosamente segmentado para organizar os componentes curriculares.

Esse tem sido o ritual há bastante tempo. Muito provavelmente, continuará por mais tempo. Nunca perguntamos por que Linguagem é diferente de Literatura ou por que História é diferente de Química. Também nunca perguntamos por que o conhecimento é embalado de uma certa maneira e chamado de Física, Economia, Astrologia ou Belas Artes. Nunca nos perguntamos por que a fotossíntese ou os narcisos deveriam ocupar um lugar no currículo.

Mas continuamos ensinando isso e incontáveis milhões de crianças seguirão aprendendo. Quase nunca provamos o néctar na alma. No entanto, na Minha Escola Verde, cada campo de pesquisa é um vasto continente de ideias e nós somos os exploradores. Começamos com letras e números, sinais e símbolos e nos perguntamos por que as canções de ninar repetem os sons e a forma passiva nos dá espaço para respirar!

> ❛ Na Minha Escola Verde, cada campo de pesquisa é um vasto continente de ideias e nós somos os exploradores. Começamos com letras e números, sinais e símbolos e nos perguntamos por que as canções de ninar repetem os sons e a forma passiva nos dá espaço para respirar! ❜

> Meu diretor está explorando a alma por trás de seu papel e conduzindo uma investigação sobre a integridade institucional. A instituição é repleta de experimentos e testes, ensaios e investigações, reflexões e apresentações. Teatro e recitais, debates e dança, música e esporte, serviço comunitário e educação pública são parte integrante da vida da minha escola.

Minha Escola Verde explora as grandes ideias escondidas em cada disciplina e descobre as razões pelas quais exigem nossa atenção e recursos. Relacionamos os capítulos da História com a marcha das nações ao longo do tempo, e procuramos o impacto do derretimento das geleiras na sobrevivência dos povos que vivem em regiões mais baixas, assim como invocamos o modo subjuntivo para expressar nosso desejo de um mundo melhor.

Posso ouvir meus professores debatendo os estágios da evolução humana e os limites da ciência. Na Minha Escola Verde, os professores ensinam não apenas o que sabem, mas ensinam quem são. E quem eles são é simplesmente adorável – sua identificação com a escola, seu amor pelas crianças, sua paixão pelo assunto, sua fé no poder da educação para fazer uma diferença positiva.

Meu diretor está explorando a alma por trás de seu papel e conduzindo uma investigação sobre a integridade institucional. A instituição é repleta de experimentos e testes, ensaios e investigações, reflexões e apresentações. Teatro e recitais, debates e dança, música e esporte, serviço comunitário e educação pública são parte integrante da vida da minha escola.

A distância, o imperativo básico do Triângulo Nobre é objeto de uma animada discussão entre um grupo misto de novos professores.

Examinamos e nos envolvemos com o poder inerente às disciplinas que estudamos. Minha escola explode de ideias e a aprendizagem se torna divertida. À medida que obtemos uma visão mais profunda da natureza de diferentes assuntos, alcançamos maior realização e confiança como estudiosos. A ciência ganha um novo significado. Assim como a Matemática. Assim como a Literatura e a Linguagem! Assim como Economia e Tecnologia da Informação e como todos os outros campos de estudo!

O TRIÂNGULO NOBRE

Paixão por aprender
Convicção do poder da educação
O professor
Amor das crianças

Aqui é divertido aprender e viver. Todos têm sucesso na Minha Escola Verde. Ao celebrarmos a alegria de aprender, também descobrimos nossos próprios pontos fortes e áreas em que precisamos melhorar.

Temos orgulho da excelência – falamos bem, lemos bem, escrevemos bem, ouvimos com sensibilidade, pensamos com inteligência, analisamos criticamente e interpretamos objetivamente.

> *Aqui é divertido aprender e viver. Todos têm sucesso na Minha Escola Verde. Ao celebrarmos a alegria de aprender, também descobrimos nossos próprios pontos fortes e áreas em que precisamos melhorar. Temos orgulho da excelência – falamos bem, lemos bem, escrevemos bem, ouvimos com sensibilidade, pensamos com inteligência, analisamos criticamente e interpretamos objetivamente.*

Meu bom desempenho em Matemática e Ciências torna meu país muito mais forte nessas áreas. Minha escola com excelência em Linguagem e Comunicação, Humanidades e Economia torna minha nação muito mais confiante e forte. O mesmo acontece com todas as outras disciplinas que contribuem para a construção da base de conhecimentos do meu país.

Cada aluno que se destaca nos estudos garante que minha escola faça sentido como um espaço de aprendizagem. Sendo assim, minha nação se torna muito mais sábia e muito mais capaz e confiante. É uma confiança sagrada, um ato de fé. A aprendizagem na minha escola é duplamente abençoada – abençoa aqueles que dão e aqueles que recebem.

> *Minha Escola Verde explora as grandes ideias escondidas em cada disciplina e descobre as razões pelas quais exigem nossa atenção e recursos. Relacionamos os capítulos da História com a marcha das nações ao longo do tempo, e procuramos o impacto do derretimento das geleiras na sobrevivência dos povos que vivem em regiões mais baixas, assim como invocamos o modo subjuntivo para expressar nosso desejo de um mundo melhor.*

Essa é a Minha Escola Verde.

Reflexões

- Minha matéria favorita é......... porque............
- Vamos examinar por que Butanês ou Inglês ou Ciências ou Matemática devem estar em nosso currículo escolar.
- Cada matéria que estudamos na escola ou faculdade é um vasto continente de ideias. Como assim?
- Se tivermos um bom ambiente acadêmico na escola, muitos problemas de disciplina e outros do tipo serão resolvidos. Vamos discutir essa questão.
- Como o verdor acadêmico ajuda na construção da confiança e do prestígio do nosso país?

VERDOR ESTÉTICO

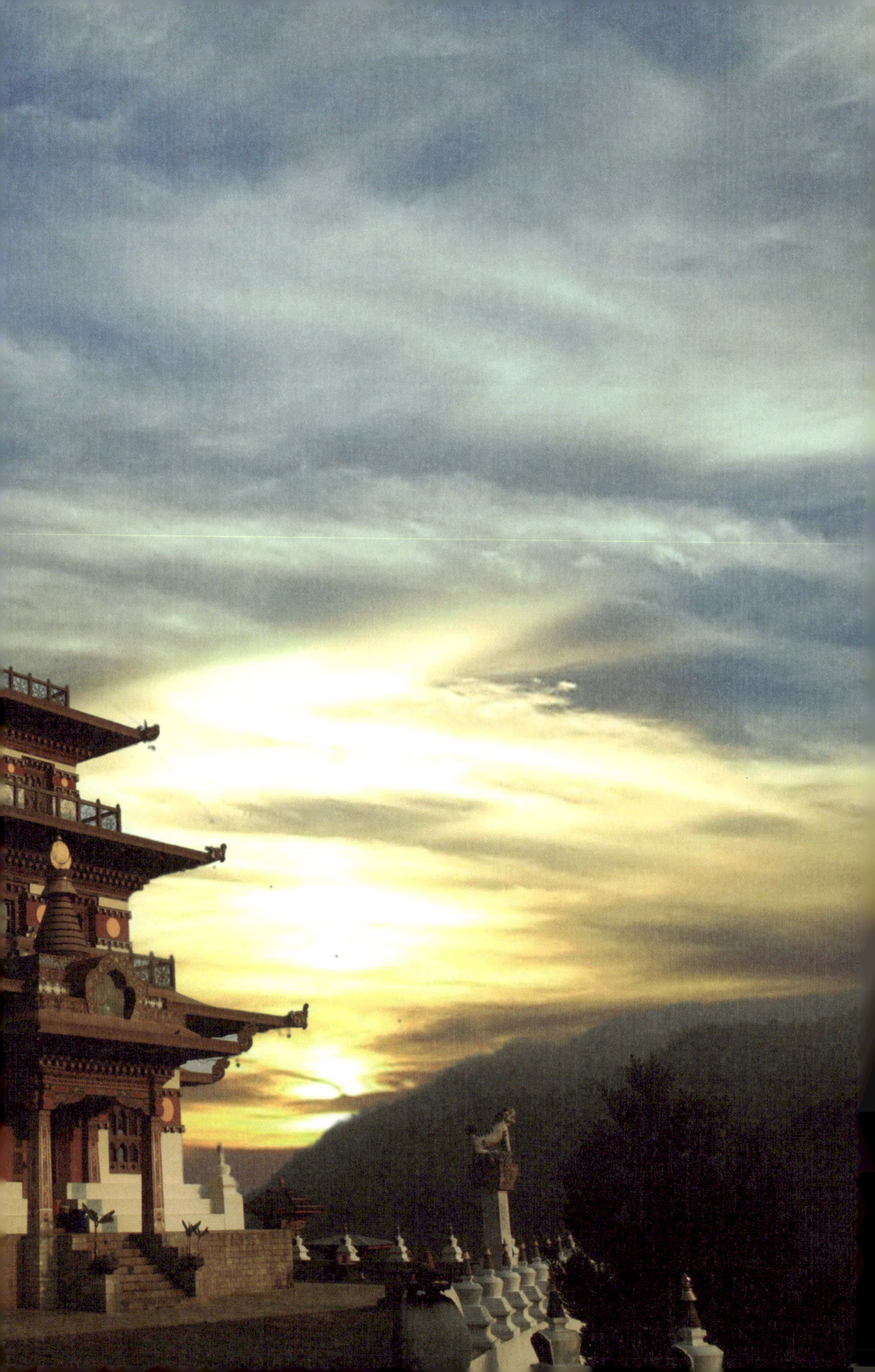

UMA QUESTÃO DE GOSTO

As necessidades do nosso corpo e as necessidades da nossa alma não são as mesmas, como veremos no próximo capítulo. Elas vão do básico ao sublime. A qualidade da nossa vida difere dependendo de onde colocamos a ênfase. Poderíamos apenas viver dia após dia ou almejar maior plenitude.

Como o ser humano é muito complexo, temos outras necessidades que também chamam a atenção. Temos nossas escolhas e preferências, nossos interesses e *hobbies*, nossos gostos e indulgências, nossas inclinações e peculiaridades. Eles nos separam uns dos outros. Nos tornam únicos.

Temos nossa escolha de comida e bebida, vestimenta e decoração, cor e sombra, forma e tamanho, moderno ou tradicional, descolado e comum. Depois, há o berrante e o grotesco, o *country* e o *rock*, o zhungdra e o rigsar,* o atraente e o repulsivo e seus muitos parentes.

Nossos gostos e nossas preferências adicionam cor à nossa vida, aliviam a monotonia, criam nuanças e trazem novidades. Existem aspectos em nossa personalidade que buscam a realização de maneiras especiais. Capturamos sons irregulares e os transformamos em música.

Pedaços de argila em esculturas finas, madeira em móveis raros, fios em *design* intrincado. Assim como a rocha! Assim como o mármore! Assim

---
* N. de R. Gêneros musicais do Butão.

como o aço! Assim como tudo! Toda matéria bruta se transforma em obras de beleza.
Tudo para saciar nossa sede inominável!

Alguns de nós adoram poesia e pintura, enquanto outros preferem prosa e contos. Alguns ficam entusiasmados com os padrões dos números e outros ficam fascinados com a maravilha da Tabela Periódica. Temos nossas maneiras únicas de organizar nossas casas e locais de trabalho, nosso próprio estilo de arrumar a mesa e arranjar as flores.

> Nossa sensibilidade para um objeto de beleza, um jardim bem cuidado, um belo poema, uma peça musical, um vestido bonito, uma boa ação, enfim, qualquer coisa graciosa, nos eleva a um nível diferente. As nossas preferências, nossas inclinações e nossos gostos falam por nós e sobre nós. Nossa capacidade de responder a estímulos saudáveis nos nutre e nos liberta do mundano e do cotidiano. Pode até nos manter longe de confusão!

Muitas vezes, podemos ser tentados a perguntar: qual é o valor prático da música e da pintura, da escolha da cor e do arranjo do cenário? Por que alguém transformaria um bolo de aniversário em uma obra de arte se, no final das contas, acaba sendo comido? Ou, por falar nisso, por que esculpir pedras e construir belas casas se seu uso final é principalmente fornecer abrigo?

Sou fascinado pelas ponta Clovis** que o caçador de James Michener confecciona no livro *The Centennial* (*A saga do Colorado*). Como equipamento de caça, a ponta Clovis pode ser um instrumento simples, prático e eficaz. Seu único trabalho é ganhar o jogo. Mas o caçador vai um passo além. Ele transforma a ponta Clovis em uma obra de arte requintada.

** N. de R. As pontas Clovis são pontas de projéteis caracteristicamente caneladas associadas à cultura Clovis do Novo Mundo, uma cultura paleo-americana pré-histórica. Estão presentes em concentrações densas em grande parte da América do Norte e amplamente restritas ao norte da América do Sul.

❝ Em um esforço para viver como seus ídolos na tela, as pessoas muitas vezes acabam perdendo sua própria identidade e integridade. Elas não podem ser totalmente seus ídolos nem podem permanecer totalmente elas mesmas. Chamamos isso de crise de identidade. ❞

Há algo em todos nós que anseia por realização de maneiras únicas. E sabemos que não vivemos só de pão. Procuramos novos meios para expressar nossa singularidade. Os meios podem não parecer práticos ou economicamente viáveis, mas são a nossa forma de proclamar quem somos. Caso contrário, a vida vivida em um nível puramente econômico ou prático poderia ser muito deficiente e sem graça.

Nossa sensibilidade para um objeto de beleza, um jardim bem cuidado, um belo poema, uma peça musical, um vestido bonito, uma boa ação, enfim, qualquer coisa graciosa, nos eleva a um nível diferente. As nossas preferências, nossas inclinações e nossos gostos falam por nós e sobre nós. Nossa capacidade de responder a estímulos saudáveis nos nutre e nos liberta do mundano e do cotidiano. Pode até nos manter longe de confusão!

> Imagens de violência, conflitos e todos os tipos de atividades do submundo degradam as pessoas e corrompem suas sensibilidades. Extravagância e moda podem ser viciantes e escravizantes. As telas de televisão geralmente apresentam imagens que podem prender a mente e sugar a alma.

E os estímulos são muitos. Eles podem ser pró-vida, bem como antivida. Eles podem nos elevar tanto quanto nos degradar. Volto a Shakespeare: "Nem tudo o que reluz é ouro"! E "mausoléus são comedouro de vermes em fervedouro"! Isso é verdade para o que a maioria dos meios de comunicação de massa e a indústria de publicidade moderna trazem em seu rastro hoje. Nossa capacidade de desejo é estimulada mesmo quando nossa capacidade de contentamento fica entorpecida.

Imagens de violência, conflitos e todos os tipos de atividades do submundo degradam as pessoas e corrompem suas sensibilidades. Extravagância e moda podem ser viciantes e escravizantes. As telas de televisão geralmente apresentam imagens que podem prender a mente e sugar a alma.

Em um esforço para viver como seus ídolos na tela, as pessoas muitas vezes acabam perdendo sua própria identidade e integridade. Elas não podem ser totalmente seus ídolos nem podem permanecer totalmente elas mesmas. Chamamos isso de crise de identidade.

Em um ambiente educacional, é vital criar estímulos de suporte à vida que convidem os jovens a respostas saudáveis. Letramento midiático, teatro, concertos, música, arte, jardinagem, passeios pela natureza, leitura, escrita, artesanato, modelagem, pintura, recitais podem oferecer oportunidades criativas para crianças e jovens cultivarem suas sensibilidades mais refinadas e desenvolverem um gosto positivo. Essas atividades tornam nossas crianças mais criativas, mas também as livram de ser afogadas em barulho ensurdecedor e atividades prejudiciais.

Como educador, minha maior preocupação tem sido a necessidade de proteger e preservar a santidade e a integridade da vida dos alunos. Deve ser um papel importante de nossas escolas e instituições garantir esses elementos nas crianças, ao mesmo tempo em que inculcam bom gosto e graciosidade, que constituem uma parte importante do ensino e da aprendizagem. A vida pode se tornar prosaica. Não é de admirar que Keats tenha dito: "Algo belo é alegria eterna"!

Se um espaço de aprendizagem visa adicionar cor, significado e nuanças à vida, deve ser uma escola verde. E se deixa um pouco de espaço para sonhar e se maravilhar e se deliciar com as bênçãos intermediárias, tem que ser Minha Escola Verde.

Reflexões

- Gostamos de um objeto se for útil, mas o amamos se for bonito. Por quê?
- Vamos imaginar como seria nossa vida se não tivéssemos música, pintura ou poesia.
- "A aprendizagem deve nos tornar úteis, mas também deve nos tornar graciosos." Como nossa escola nos prepara para sermos úteis e graciosos?
- O principal objetivo das roupas é cobrir nosso corpo, mas por que escolhemos todos os tipos de *designs* e estilos para fazer nossa vestimenta?
- Quais são os elementos do verdor estético em nosso país? Qual é a importância deles?

VERDOR ESPIRITUAL

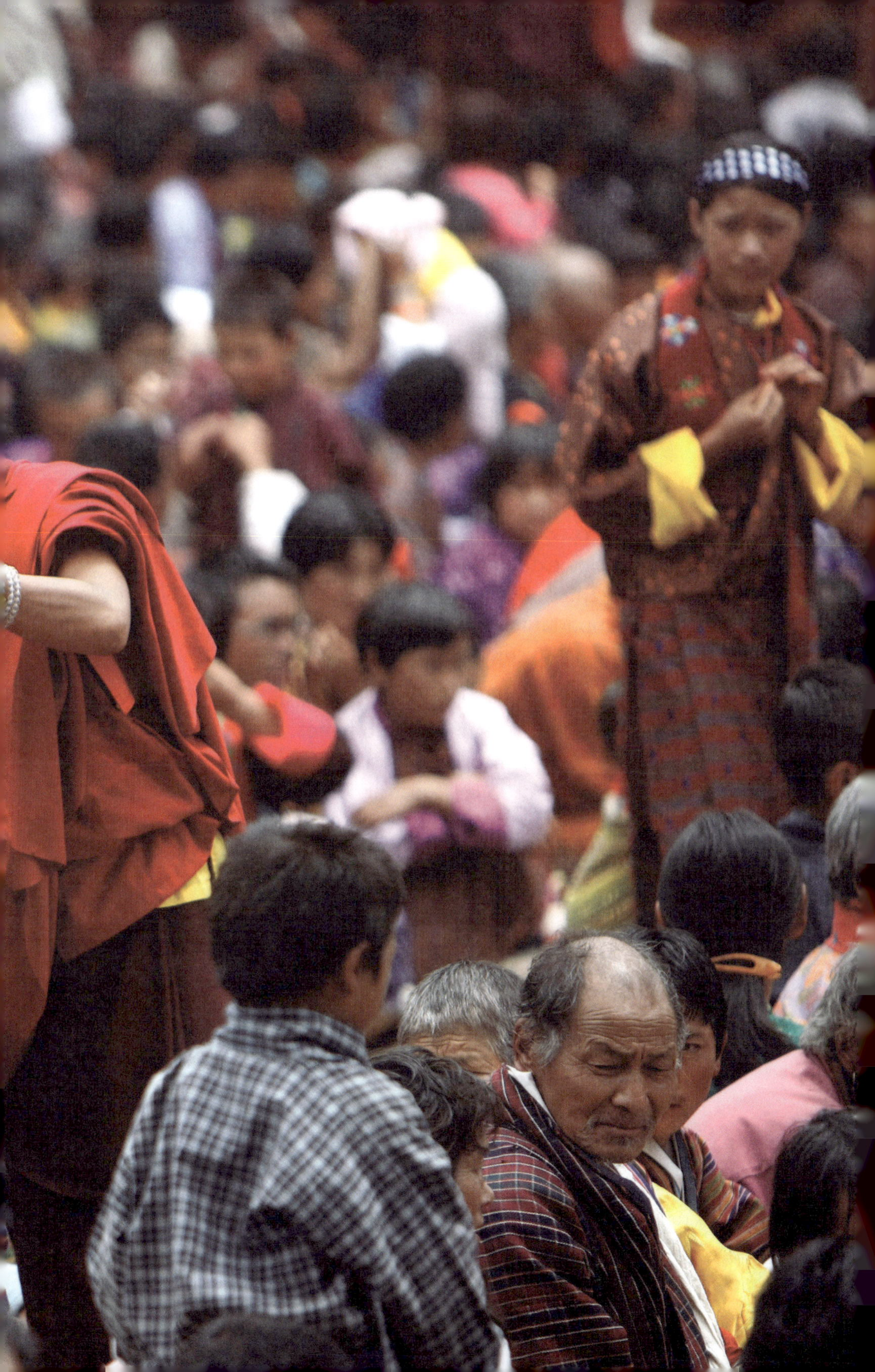

ADENTRANDO O TEMPLO DA MINHA ALMA

Você e eu temos ao menos duas vidas – a vida exterior e a vida interior. Nosso corpo físico, completo com todas as nossas faculdades e partes, compõe nossa vida exterior. Essas faculdades entram em ação quando realizamos diferentes atividades. Elas nos colocam em um modo ativo. Cada parte é importante para manter nossa vida em funcionamento. Elas precisam do nosso cuidado e do nosso respeito.

Na maior parte do tempo, nossa vida exterior está em andamento. Estamos no modo ativo. Caminhamos, corremos, cantamos, dançamos, lemos, pulamos, carregamos, dirigimos, cultivamos a terra, pilotamos aviões, vendemos mercadorias, construímos dzongs,* limpamos a casa, projetamos cidades e navegamos no espaço sideral. Essa é a parte ativa da nossa vida. Faz o mundo seguir em frente.

> Sentimos a presença e o jogo de poderes além de nós e acima de nós. Descobrimos que, como somos, não somos completos, plenos ou perfeitos. Mas, com a ajuda de poderes e presenças superiores e mais puros que nós, ganhamos maior plenitude e perfeição. Moderamos nosso ego e nos tornamos mais humildes.

---

* N. de R. Construção típica dos reinos budistas do Himalaia, tem as funções de centro religioso, militar, burocrático e administrativo de determinada região.

Nossa vida interior é muito especial. Ela nos eleva do terreno e do imediato. Ela nos chama para o reino do puro, do sagrado e do espiritual. Damos um passo atrás, paramos um pouco e encontramos um motivo para seguir em frente. Esse modo reflexivo cria tempo e espaço para guiarmos nosso modo ativo.

Sentimos a presença e o jogo de poderes além de nós e acima de nós. Descobrimos que, como somos, não somos completos, plenos ou perfeitos. Mas, com a ajuda de poderes e presenças superiores e mais puros que nós, ganhamos maior plenitude e perfeição. Moderamos nosso ego e nos tornamos mais humildes.

De muitas maneiras, somos todos seres espirituais. Entramos inconscientemente em um modo espiritual quando estamos sozinhos ou com medo, ou quando precisamos da orientação de um poder superior. Fazemos nossas orações, recitamos nossos mantras e nos mantemos perto do divino. O verdor espiritual é uma aceitação da necessidade de apoio de seres superiores – ideais, objetos, signos, deuses, deusas, figuras espirituais, poder da natureza, incluindo nossos pais e professores que nos inspiram e capacitam.

Em outras palavras, o verdor espiritual é a condição de nossa vida interior que aceita e honra o divino em nós e que nos liga ao divino superior a nós. Realmente, não tem nada a ver com nenhuma religião ou dogma, mas pode estar aliado à inteligência emocional. É na conveniência das coisas que em nossas escolas e instituições temos momentos de silêncio para refletir sobre nosso vínculo especial com seres que nos dão força e propósito em nossa vida.

> Todos nós, mais ainda nossas crianças e nossos jovens,
> precisamos da paz de momentos tranquilos,
> das bênçãos do silêncio
> e da ajuda do divino.
> Para sermos mais completos,
> mais puros,
> mais fortes.

Nossa vida exterior não sustentada pelos recursos de nossa vida interior pode apequenar-se e tornar-se tirânica. Nossa vida interior sem o meio da vida exterior pode permanecer inerte e perder sua beneficência.

É por isso que precisamos cultivar os recursos de ambos em nossos espaços de aprendizagem, onde o segmento mais sensível e ativo da sociedade passa longos anos de vida preciosa.

**Precisamos moderar a cacofonia de nossa
vida monótona e retornar ao centro de nós mesmos.
Todos nós, mais ainda nossas crianças e nossos jovens, precisamos
da paz de momentos tranquilos,
das bênçãos do silêncio
e da ajuda do divino.
Para sermos mais completos,
mais puros,
mais fortes.**

Nossas escolas e instituições precisam criar tantos momentos de silêncio e reflexão quanto possível para renovação, para reconexão, para a vida. Caso contrário, nossos elos se romperão e o alimento vital se esvairá. Mas, certamente, se um espaço de aprendizagem afirma as profundas reivindicações espirituais de nossa vida e amplia seu alcance, deve ser Minha Escola Verde.

Reflexões

- Vamos falar sobre como nossa vida exterior faz o mundo seguir em frente.
- Como nossa vida interior alimenta nossa vida exterior?
- Como enriqueço minha vida interior durante os momentos de silêncio em minha escola?
- "Se todas as nossas escolas e instituições no país forem espiritualmente verdes, o Butão será um país muito mais gentil." Vamos explorar essa ideia.
- Quão importante é cultivar o verdor espiritual em nossa vida e em nossa sociedade?

**VERDOR
MORAL**

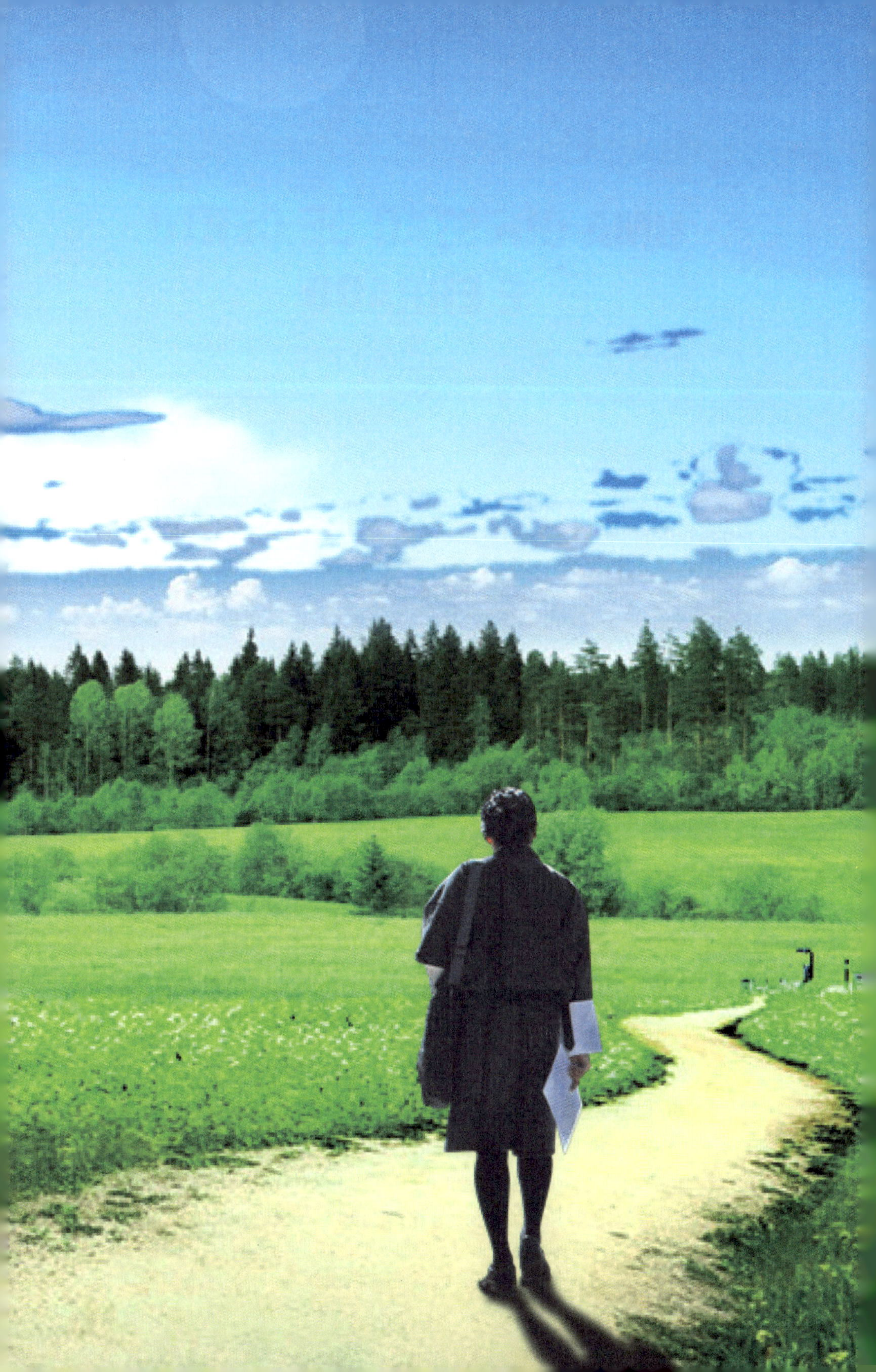

UMA QUESTÃO DE CERTO E ERRADO

Você e eu somos o melhor presente da criação. Imagine o mundo sem seres humanos. Não haveria homens, mulheres e crianças. Nem haveria trabalhadores ou pensadores ou homens e mulheres de Deus. Seria um mundo tão diferente do que temos.

E o dom mais precioso que você e eu temos é a capacidade de pensar! Desde tenra idade, temos uma vaga sensação de que algo é bom e algo é ruim. E nossos pais nos dizem isso com tantas palavras! Com o tempo, aprendemos também que existe algo chamado certo em oposição a algo chamado errado. À medida que crescemos, enfrentamos a questão mais profunda da verdade e da falsidade.

Somente os seres humanos são capazes de distinguir um do outro. Essa capacidade de distinguir o bem do mal, o certo do errado e o verdadeiro do falso nos diferencia dos outros animais. Somos a mais evoluída de todas as espécies. Somos seres humanos. Podemos pensar.

Somente os seres humanos são capazes de distinguir um do outro. Essa capacidade de distinguir o bem do mal, o certo do errado e o verdadeiro do falso nos diferencia dos outros animais. Somos a mais evoluída de todas as espécies. Somos seres humanos. Podemos pensar.

Devemos ser capazes de tornar nossa escola um lugar diferente, nossa sociedade e nossa nação mais bonitas, nosso mundo muito melhor.

> Se nossas crianças e nossos jovens passam três quartos do ano em um espaço de aprendizagem, deve-se reconhecer essa importante reivindicação ética de suas vidas no processo de ensino e aprendizagem.

Criamos templos de aprendizagem desde escolas comunitárias até universidades, educamos e capacitamos inúmeras pessoas e colecionamos diplomas como ninguém. E as pessoas que nunca foram à escola tornaram-se mais inteligentes muito além do esperado.

No entanto, muitas vezes parece que vivemos em um mundo que perdeu sua inocência, sua pureza, sua bondade. Podemos responsabilizar as plantas, os animais e os pássaros por essa perda? Os pobres fizeram campanha pela austeridade? Ou as montanhas reclamam do peso da neve? Nem a terra, nem o mar, nem o céu jamais foram misóginos.

Naturalmente, como nós somos, assim é nossa escola, nossa comunidade, nossa nação e o mundo além. Temos que fazer a cura – cada um de acordo com sua capacidade.

E o lugar para começar é aqui. Precisamos retornar à nossa bondade humana básica e recuperar nossa integridade.

Se nossas crianças e nossos jovens passam três quartos do ano em um espaço de aprendizagem, deve-se reconhecer essa importante reivindicação ética de suas vidas no processo de ensino e aprendizagem.

A educação é essencialmente um processo que de modo gentil atrai a mente humana para buscar e amar o que é verdadeiro, bom e belo. É um ato moral, um ato de fé. Ela harmoniza a necessidade de aguçar nossos cérebros e nossas habilidades com a necessidade de construir fé e caráter.

Como arte normativa, a educação estabelece a lei do bem viver, indica caminhos para sociedades e nações. A moralidade humaniza o conhecimento, edifica a aprendizagem e eleva o aprendiz. Caso contrário, o conhecimento sem consciência é fútil e insatisfatório e a aprendizagem sem caráter empobrece o estudioso e diminui a luz.

Deve haver uma boa razão para chamar a Educação de Setor Nobre – elevando-a acima de todos os outros! Ela deve ajudar os estudiosos a cultivar a nobreza de pensamento, fala e ação, pois os valores e princípios pelos quais os educadores e estudiosos vivem se tornam os padrões para a nação.

> Uma escola moralmente verde ajuda a construir uma sociedade íntegra, limpa e livre de corrupção. Tal sociedade é livre de estresse, confiante e forte, seja qual for seu tamanho. É uma sociedade honesta, justa e solidária.

Uma escola moralmente verde ajuda a construir uma sociedade íntegra, limpa e livre de corrupção. Tal sociedade é livre de estresse, confiante e forte, seja qual for seu tamanho. É uma sociedade honesta, justa e solidária.

Se existe um espaço de aprendizagem que se orgulha da honestidade como seu modo de vida cotidiano, tem que ser uma escola verde. Se cultiva e vive os valores do verdadeiro, do bom e do belo, certamente deve ser a Minha Escola Verde.

Por fim, se em algum lugar existe um espaço de aprendizagem que é natural, social, cultural, intelectual, acadêmico, estético, espiritual e, acima de tudo, moralmente verde, com certeza deve ser a Minha Grande Escola Verde.

E, pelo que sabemos, Minha Grande Escola Verde fará Meu Grande Butão Verde.

Reflexões

- "Ser bom é melhor do que ser ótimo." Vamos falar sobre por que é assim.
- Se seu pai trouxer para casa o material do escritório para você usar na escola, você ficará grato a ele ou se sentirá magoado? Por quê?
- Se você descobrir que o lojista lhe deu troco a menos, você pode ficar com raiva. Se você receber mais do que o troco correto, como reagiria? Por quê?
- Que qualidades nos distinguem como os mais altamente evoluídos entre todos os outros animais? Nós nos comportamos assim?
- Como Minha Grande Escola Verde faz Meu Grande Butão Verde?

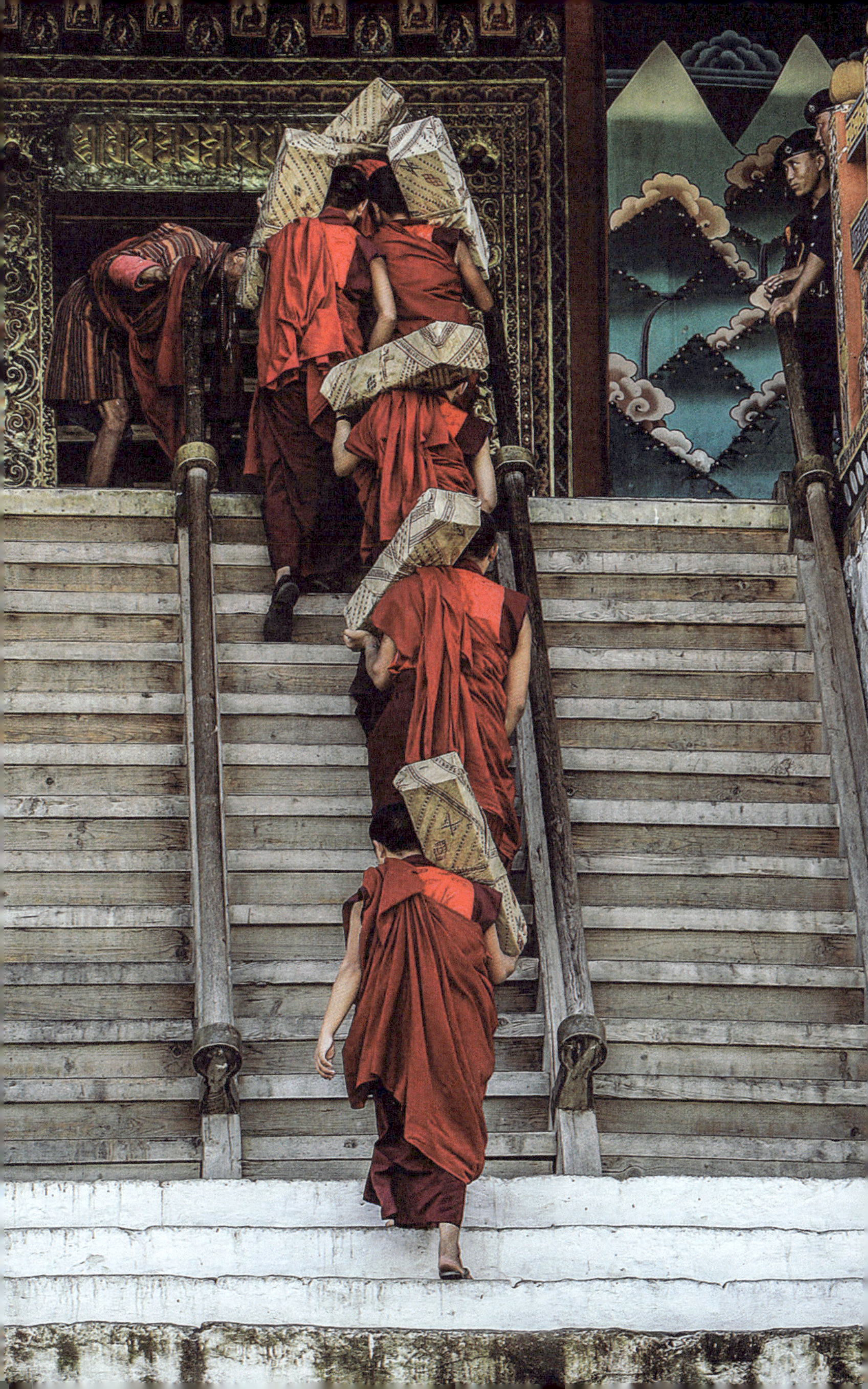

EPÍLOGO

Pode-se sugerir que existem outras reivindicações igualmente importantes que os espaços de aprendizagem devem acomodar. O verdor ocupacional, por exemplo, poderia receber muitos votos, graças à demanda legítima por empregos. O verdor digital também pode chegar perto, dada a atual explosão tecnológica. Assim como outros!

Mas uma vez que nossos espaços de aprendizagem sejam capazes de identificar e abordar as reivindicações fundamentais da vida por meio do funcionamento geral de nossas escolas e institutos, a consequência natural será a graduação de rapazes e moças dotados das qualidades de utilidade e graciosidade que serão ativos para qualquer organização que valorize as pessoas em vez dos objetos, o caráter em vez da esperteza, o benefício em vez do lucro.

Deseja-se que todas as nossas escolas e instituições em todo o país inculquem e absorvam os valores de uma Escola Verde, como já começam a fazer. Esperamos fervorosamente que nossos alunos que passaram por uma Escola Verde tenham internalizado esses valores e os devolvam para a sociedade na qual ingressarão após a formatura.

As Escolas Verdes são um meio e também um fim, sendo o fim o Butão Verde. Imagine nosso país sendo verde em todas as dimensões variadas destacadas anteriormente! Será o país como desejamos que seja, do qual nos orgulharemos. Será o verdadeiro lar da Felicidade Interna Bruta.

As qualidades de uma escola verde não são e não devem ser limitadas apenas aos espaços de aprendizagem. Podemos e devemos ter casas verdes, escritórios verdes, corporações verdes, políticas verdes, parlamentos verdes, tribunais verdes, aldeias verdes, vilas verdes, cidades verdes e, acima de tudo, mentes verdes.

Verde é uma cor, mas também é uma metáfora. É uma orientação, uma atitude e uma perspectiva.

Verde é pró-vida.

Verde é Vida.

UM DIA NA ESCOLA DE **WANGMO**

No começo, era apenas um pedaço da boa terra de Deus. Então se tornou Druk Yul. Depois, Gelephu. E, então, Gelephu High School. É hoje a escola de Wangmo.

Nós abordaremos o possessivo mais tarde! Tomamos a liberdade e pulamos muitas encarnações intermediárias do lugar para fins de simplicidade e conveniência.

Na eterna lógica do porquê, perguntaram certa vez a Agesilau, o Grande: *Por que Esparta não é cercada por muros?*

Ele respondeu: *O que torna uma cidade forte não é madeira e pedra, mas as virtudes de seus cidadãos*. E a cidade, para os gregos, era o estado.

Afirmando, honrando e promovendo o ideal da educação como um instrumento de uma força positiva poderosa, muitas vezes cedi à minha fantasia rebelde para evocar visões da minha escola dos sonhos.

Enfatizo a escola porque, se queremos saber sobre o caráter de uma pessoa ou as virtudes dos cidadãos de uma nação, precisamos perguntar: *Em que escola você estudou?* O fato de nem todo mundo ir ou conseguir ir à escola é outra coisa!

Recordamos a história do duque de Wellington que, no final da vida, revisitou Eton, a sua *alma mater*, beijou as suas paredes e prestou homenagem à sua escola: *aqui foi vencida a Batalha de Waterloo*.

> ❛ Na eterna lógica do porquê, perguntaram certa vez a Agesilau, o Grande: Por que Esparta não é cercada por muros? Ele respondeu: O que torna uma cidade forte não é madeira e pedra, mas as virtudes de seus cidadãos. E a cidade, para os gregos, era o estado. ❜

Muitas vezes me perguntei se não seria a verdadeira função da educação iluminar e inspirar, corrigir e humanizar, inculcar doçura e luz, levar a mente humana a buscar e amar o que é verdadeiro, bom e belo! Tenho esperado que a educação e o ensino fortaleçam a fé e o caráter tanto quanto agucem o cérebro e as habilidades.

Percorri alguns caminhos *para saciar a sede que vem da alma*. Até eu entrar pelos portões da escola de Wangmo. Acho que aqui está o encontro entre sonho e realidade, uma confluência de aspiração e realização, uma verdadeira aliança do serviço e das suas alegrias.

Como um lugar adquire uma vida tão poderosa, tão significativa, tão satisfatória? O que faz esse lugar borbulhar de energia, mover-se com atividades e ainda assim ser tão gracioso e digno? Eu nunca poderei saber...

❝ Alguns indivíduos e instituições são únicos. Ao entrar nesse *campus*, fica-se imediatamente hipnotizado pelos detalhes mágicos de um cenário natural que ao mesmo tempo acena e confunde o visitante. ❞

Todas as nossas escolas e instituições são lugares especiais de maneiras únicas. Todos os nossos alunos e professores são especiais em suas próprias maneiras maravilhosas e fascinantes. Eu afirmo e admiro todas as coisas boas que vi lá.

Alguns indivíduos e instituições são únicos. Ao entrar nesse *campus*, fica-se imediatamente hipnotizado pelos detalhes mágicos de um cenário natural que ao mesmo tempo acena e confunde o visitante.

A variedade e a abundância da generosidade da natureza em um lugar tão pequeno, combinada com a arte imaginativa dos seres humanos, marcam o mundo da Gelephu High School como uma imagem de unidade esplêndida em diversidade colorida.

Não se pode deixar de notar as passarelas impecavelmente limpas, os caminhos de tijolos decorados com bom gosto, os jardins lindamente decorados, o parque dos escoteiros, os lindos gramados e um pouco de vida selvagem. Não se pode deixar de notar também os muitos sons dos pássaros, os cheiros das plantas e a fragrância das flores. A mãe de todas elas é o enorme flamboiã que se estende por toda parte, tranquilizando todos ao redor.

Depois, há o acolhedor e inspirador Lha Jambayyang – a musa e o refúgio de estudiosos e acadêmicos. Ao fundo, os velhos fiéis lançam faixas de oração e saudações de bons votos em todas as direções. Elevando-se acima de todos eles está a bandeira nacional do Reino do Butão dançando no ar.

Para uma escola deste tamanho, as instalações são bastante modestas. Os dois blocos de salas de aula ficam paralelos um ao outro – um se estendendo um pouco mais do que o outro. As paredes são uma homenagem à criatividade e à imaginação dos alunos expressa em diversas facetas das observâncias temáticas da escola.

Fica-se impressionado com a limpeza das salas, a ausência de rabiscos e arranhões nos móveis, quadros de avisos e paredes. Mesmo guarda-chuvas e chinelos têm seus baldes e locais específicos.

❛ Poderes celestiais como o sol, as estrelas e as nuvens são convocados para promover a causa do desenvolvimento da linguagem, a conservação do meio ambiente, as preocupações com a saúde e as condições gerais de boa vida. ❜

O novo edifício de dois andares abriga a Biblioteca e o Laboratório de Informática no primeiro andar e o Laboratório de Ciências e a Sala dos Professores no térreo. Os professores gentilmente movem suas cadeiras para o gramado da frente para abrir espaço para as práticas.

No momento, a temporada de leitura (lembre-se, temporada, não semana!) está acontecendo. Continua até 04 de outubro. Enormes faixas anunciam o tema do ano para a Semana Nacional da Leitura: *Se você sabe ler, mas não quer ler, você não é melhor do que alguém que não sabe ler.*

Bacon é invocado: Ler é...

Fiquei profundamente impressionado com as dezesseis apresentações, de mais de trezentas leituras feitas anteriormente, promovidas pelos alunos em 19 de setembro de 2003. A variedade e a complexidade dos temas, o desafio intelectual colocado, o nível de confiança e as habilidades de apresentação exibidas foram de uma ordem muito elevada.

Poderes celestiais como o sol, as estrelas e as nuvens são convocados para promover a causa do desenvolvimento da linguagem, a conservação do meio ambiente, as preocupações com a saúde e as condições gerais de boa vida.

Mas a melhor parte da escola de Wangmo são as pessoas. Os 733 alunos das turmas VII a X que vêm de toda Gelephu e além e os 25 professores de perto e de longe animam esse pequeno universo e dão a ele sua vida, seu significado e sua beleza. Eles têm suas digitais, suas mentes e seus corações em cada coisa pequena e grande que tocaram e edificaram.

Tantas crianças pequenas em Wangmo, mas tão pouco barulho. Não ouvi gritos, insultos ou raiva. Seus rostos estão cobertos de sorrisos e alegria. Elas têm orgulho de sua escola e são apaixonadas e possessivas em relação a ela. Essa é a escola *delas* e elas são seus guardiões. Você se lembra do possessivo que mencionei anteriormente?

As crianças adoram sua diretora e seus professores que, por sua vez, adoram seus alunos e os amam como se fossem seus filhos. A diretora Sangay Zam já está começando a sentir falta dos alunos do último ano que ela reconhece serem as joias da escola.

Ela não está exagerando. Os alunos *seniores* são seniores em todos os sentidos do termo – em caráter, estudos e atividades – modelos para os juniores. Cada aluno da turma X tem um par de crianças pequenas da escola primária próxima sob seus cuidados e sua orientação. São os capitães, coordenadores, conselheiros, monitores e motivadores e os olhos e ouvidos da escola.

Esses alunos conhecem os desafios e os privilégios de serem seniores e falam com muita paixão sobre seu papel: *Há tantos olhos olhando para nós e cuidando de nós. Temos que fazer a coisa certa. Não podemos nos dar ao luxo de decepcioná-los.*

Fiquei emocionado com a graciosidade e a reverência com que o capitão da escola baixou a bandeira nacional no final do dia. As crianças da escola primária ansiosas por ir para casa ficaram paradas até o sinal tocar.

A escola de Wangmo e seus amigos desempenha um papel ativo de serviço comunitário, organizando exposições, campanhas de saúde e programas educacionais e culturais. Em setembro de 2002, mais de 300 alunos do último ano e toda a equipe enfrentaram as agitadas águas do Maw Khola e levaram roupas e mensagens de saúde para o povo de Chhuzargang – coincidindo com a Caminhada pela Saúde realizada por Sua Excelência Loynpo Sangay Ngedup.

❝ Tantas crianças pequenas em Wangmo, mas tão pouco barulho. Não ouvi gritos, insultos ou raiva. Seus rostos estão cobertos de sorrisos e alegria. Elas têm orgulho de sua escola e são apaixonadas e possessivas em relação a ela. Essa é a escola *delas* e elas são seus guardiões. Você se lembra do possessivo que mencionei anteriormente? ❞

Os alunos vão além e limpam a cidade, os arredores do escritório de Dungkhag, o Gelephu Sports Association Hall e, às vezes, estendem seus serviços a Sarpang. *Há 100% de participação da nossa escola em todas as atividades que acontecem em Gelephu*, diz o vice-diretor, Sr. Chenga Dawa.

A escola convida e transporta professores e alunos das escolas locais e da comunidade para participar de suas diversas atividades e compartilhar com eles suas ideias e os frutos de seu trabalho.

Toda flor deve desabrochar. Esse é o princípio orientador da escola de Wangmo. Quer se trate de esportes, jogos, atividades culturais, serviço social, campanhas ambientais ou leitura e resenhas de livros, todos têm que participar. Foi uma cena muito inspiradora quando até crianças com enfermidades dançaram e deram seus mais largos sorrisos.

Em nossa escola, encaramos cada atividade como se fosse a coisa mais importante a ser feita. Concluímos uma tarefa e passamos para a próxima no mesmo ritmo e no mesmo princípio. Temos capitães e coordenadores para as diversas atividades que realizamos. Mas, na hora do escotismo, todo mundo é escoteiro. Quando o assunto é meio ambiente, somos todos ambientalistas. O mesmo vale para a cultura, o esporte e tudo mais. Assim me disseram.

A escola de Wangmo se orgulha de fazer as coisas bem e corretamente. Não tanto pela apreciação, mas pelo fato de ser a maneira correta de fazer o trabalho. E essa é a marca dessa escola. Ficamos maravilhados com a tranquilidade e a facilidade com que uma atividade dá lugar a outra.

Essa deve ser a única escola que tem ao menos três horários – um para os dias de sol, outro para os dias de chuva e ainda outro para os dias extracurriculares.

Aqui temos chuva ou sol. Aprendemos a lidar e cooperar com eles, em vez de reclamar deles. Aproveitamos ao máximo ambos no processo. A escola é mais sábia por isso.

> Toda flor deve desabrochar. Esse é o princípio orientador da escola de Wangmo. Quer se trate de esportes, jogos, atividades culturais, serviço social, campanhas ambientais ou leitura e resenhas de livros, todos têm que participar. Foi uma cena muito inspiradora quando até crianças com enfermidades dançaram e deram seus mais largos sorrisos.

Alguém pode se perguntar, como muitas vezes as pessoas se perguntam, se há tempo suficiente para estudar se a escola está fervilhando com tantas atividades! "Garantimos que em nenhum caso o tempo acadêmico seja perdido." Esse é o Sr. Sonam Lhendup, vice-diretor.

No centro do programa escolar está a busca pela excelência acadêmica. A Gelephu High School alcançou a cobiçada segunda posição nos últimos exames finais da turma X em todo o país, e a cultura de aprendizagem é vibrante e viva.

> Os trabalhos de casa também são planejados e devidamente coordenados e monitorados por professores e capitães.
> A escola segue um sistema de seis períodos de 55 minutos por dia. Há um sétimo período em que os alunos fazem o dever de casa. A direção da escola sabe que nem todas as casas têm eletricidade e nem sempre as condições são boas para um trabalho decente. Além disso, aqui os professores podem supervisionar e apoiar os alunos.

A qualidade do ensino e da aprendizagem aqui é louvável. Os alunos consideram discussões, debates, projetos e argumentos formas poderosas de aprender e estão confiantes do que dizem. A escola tem um excelente programa de desenvolvimento da língua inglesa. E se a proficiência e a articulação de Kumar Katel do VIIIA servem de referência, então o padrão de butanês na escola de Wangmo deve ser realmente muito bom.

Os trabalhos de casa também são planejados e devidamente coordenados e monitorados por professores e capitães. A escola segue um sistema de seis períodos de 55 minutos por dia. Há um sétimo período em que os alunos fazem o dever de casa. A direção da escola sabe que nem todas as casas têm eletricidade e nem sempre as condições são boas para um trabalho decente. Além disso, aqui os professores podem supervisionar e apoiar os alunos.

Existem testes mensais com os alunos realizando dois ou três testes por semana. Estamos apenas em setembro. Mas a maioria dos programas já foi concluída. A revisão e o treinamento serão realizados a partir do início de outubro. Estes também são planejados, estruturados e supervisionados.

Todos os alunos recebem um conjunto de questões para os últimos dez anos. *Nossos professores costumam ficar acordados até as 21h e além avaliando nosso trabalho, planejando aulas e preparando materiais para nós.* Os alunos sabem disso.

Há animação mesmo durante os exames aqui. *Marcamos com muitos dias de antecedência e contamos cada dia perguntando aos alunos quantos dias faltam. Não há medo. Eu sou lembrado. Os dividendos têm sido ricos.*

O que é preciso para fazer uma escola como a de Wangmo? Bem, não há segredos. Por detrás de todo o brilho do sucesso e dos sorrisos, está a convicção de que essa escola tem de ser um bastião da verdadeira educação. Essa convicção se traduz em muitas visões e ações que permeiam e formam cada fibra da escola de Wangmo.

É preciso objetivos compartilhados e uma equipe unida, movida por uma cabeça tão despretensiosa que seu nome nem consta na lista de funcionários. É preciso sonhos e imaginação e vontade e prontidão para dar-lhes vida e realidade. É preciso, também, tremendos sacrifícios e a aceitação das imposições inerentes que uma vocação como a de ensinar exige.

Mas está tudo aqui. A escola de Wangmo tem uma mistura maravilhosa de experiência e sabedoria, bem como juventude e idealismo; idade e maturidade se traduzem em graciosidade e dignidade; juventude e vitalidade reconhecem a doçura do comportamento. Fiquei impressionado com o nível edificante de respeito mútuo e aceitação entre os funcionários.

Descobri que a palavra *adorar* assume uma dimensão nova e vital na escola de Wangmo. Todos se adoram aqui. Não por nada, mas porque eles são realmente adoráveis. Eles geram um tipo sublime de energia positiva e boa vontade que os inspira e sustenta. Eles descobrem e promovem a bondade e a beleza um do outro.

Isso tudo é trabalho duro. Mas todo mundo sabe que os professores têm que definir padrões para os alunos. *Se hoje estamos orgulhosos de nossos alunos, nossos alunos estão orgulhosos de seus professores e apreciam seus sacrifícios.*

> O que é preciso para fazer uma escola como a de Wangmo? Bem, não há segredos. Por detrás de todo o brilho do sucesso e dos sorrisos, está a convicção de que essa escola tem de ser um bastião da verdadeira educação. Essa convicção se traduz em muitas visões e ações que permeiam e formam cada fibra da escola de Wangmo.

Quando um novo professor ou aluno ingressa na escola de Wangmo, ele ou ela é imediatamente aceito ou aceita pela família e logo se envolve em tudo. Essa cultura capacita os recém-chegados a se adaptarem rapidamente, evita a saudade de casa e oferece a eles um lar que podem chamar de seu. Eles devem pertencer completamente a esse lugar.

Se o comportamento e a apresentação dos alunos são tão cativantes e inspiradores, muito disso tem a ver com a forma como o mundo da escola de Wangmo é organizado. *Se queremos um bom comportamento de nossos alunos, devemos criar condições para pensamentos positivos e ações criativas.* Quando veem o ambiente limpo e em ordem, não ousam abusar dele. É assim na escola de Wangmo.

> **Sendo uma organização de aprendizagem, a escola de Wangmo enviou doze professores, durante o último intervalo do semestre, para outras escolas de ensino médio bem estabelecidas para aprender e ver o que poderia ser trazido para casa para melhorar sua própria instituição.**

A escola recebe *feedback* muito positivo e elogios das escolas onde seus ex-alunos estudam.

Planejamento estratégico, delegação adequada e acompanhamento regular fazem parte do segredo do nosso sucesso. Cada professor é uma dádiva com talentos especiais. Nós tentamos descobrir esses talentos e engajar e capacitar os professores para darem o melhor que são capazes. Essa é a gestão aqui.

Os professores são onipresentes e estão por trás de cada atividade realizada aqui. Cada professor é um conselheiro na escola de Wangmo. Eles não ensinam apenas o currículo. Eles são o currículo. Eles vivem valores, não apenas os expõem.

Sendo uma organização de aprendizagem, a escola de Wangmo enviou doze professores, durante o último intervalo do semestre, para outras escolas de ensino médio bem estabelecidas para aprender e ver o que poderia ser trazido para casa para melhorar sua própria instituição.

Aum Sangay Zam sabe que os seus colegas têm de trabalhar muito, muitas vezes sacrificando os fins de semana e até as merecidas férias. Eles estão na escola de manhã cedo e ficam até tarde da noite.

Queremos fazer o máximo possível sem sobrecarregar ninguém. Devemos aliviar a carga se sentirmos que temos muito a fazer. Mas não podemos nos dar ao luxo de parecermos cansados e de não estarmos no nosso melhor. Caso contrário, desmotivaremos nossos alunos e a nós mesmos.

Aqui é tudo trabalho em equipe. Antes e depois de cada atividade, a escola faz uma análise SWOT (do inglês, *strengths*, *weaknesses*, *opportunities* e *threats* [forças, fraquezas, oportunidades e ameaças]). Eles não podem fazer pouco caso de nada. É por isso que, mesmo depois de tantos anos de experiência, eles confessam que ainda se sentem nervosos com um evento que está por vir.

> Antes e depois de cada atividade, a escola faz uma análise SWOT (do inglês, *strengths*, *weaknesses*, *opportunities* e *threats* [forças, fraquezas, oportunidades e ameaças]). Eles não podem fazer pouco caso de nada. É por isso que, mesmo depois de tantos anos de experiência, eles confessam que ainda se sentem nervosos com um evento que está por vir.

A despeito de todo o bem e da glória, Aum Sangay Zam reconhece que a escola tem sua cota de problemas. Apesar de todos os esforços, dois alunos tiveram que ser expulsos no ano passado; alguns estavam cheirando cola; alguns pais acham que estamos envolvidos em coisas demais que afetam o tempo de ensino; houve até uma carta anônima de um dos pais.

Talvez o que muitas vezes não se saiba é que a maioria das atividades são realizadas durante os fins de semana e no início da sessão. Os estudos são a prioridade na escola de Wangmo.

Mas uma coisa é certa. Se uma cidade como Gelephu tem menos problemas com jovens hoje, isso se deve em grande parte à escola de Wangmo.

Juntos, funcionários e alunos fizeram dessa escola um espaço muito querido em suas vidas. *Se estou doente, só tenho que me levantar e correr para a escola.* A escola é o estimulante para a diretora Madame Sangay Zam e seus professores, assim como para seus alunos.

Pensamos a nossa escola, vivemos a nossa escola, sonhamos a nossa escola. Faz parte da nossa vida. Nosso desejo é continuar mantendo o interesse de nossos alunos em nossos corações e mantendo nossos padrões e melhorando onde pudermos. Nós criamos memórias juntos. Essa é a língua da escola de Wangmo.

Enquanto me preparava para partir, percebi que 10 horas haviam passado rapidamente. Mas o tempo é irrelevante na escola de Wangmo. Foi uma aventura física, mental e psicológica de tirar o fôlego em uma escala enorme capturada no escopo de um dia. Aqui a mente cresce, o coração se expande e a vida ganha sentido.

Deixando os detalhes mágicos desse pequeno grande mundo, pensei comigo mesmo que se uma escola pode gerar e promover tanta energia positiva e boa vontade, juntos, podemos fazer do nosso país um verdadeiro paraíso na terra.

Reflexões

- A escola de Wangmo parece uma Escola Verde? Em caso afirmativo, vamos investigar o que torna esse espaço de aprendizagem uma Escola Verde.
- Vamos descobrir quantas escolas em nosso país podem ser chamadas de Escolas Verdes e discutir o que as torna Verdes.
- Se eu me formar em uma Escola Verde, quais qualidades minha sociedade espera que eu aprenda e pratique em minha vida diária?

Pensamos a nossa escola, vivemos a nossa escola, sonhamos a nossa escola. Faz parte da nossa vida. Nosso desejo é continuar mantendo o interesse de nossos alunos em nossos corações e mantendo nossos padrões e melhorando onde pudermos. Nós criamos memórias juntos.

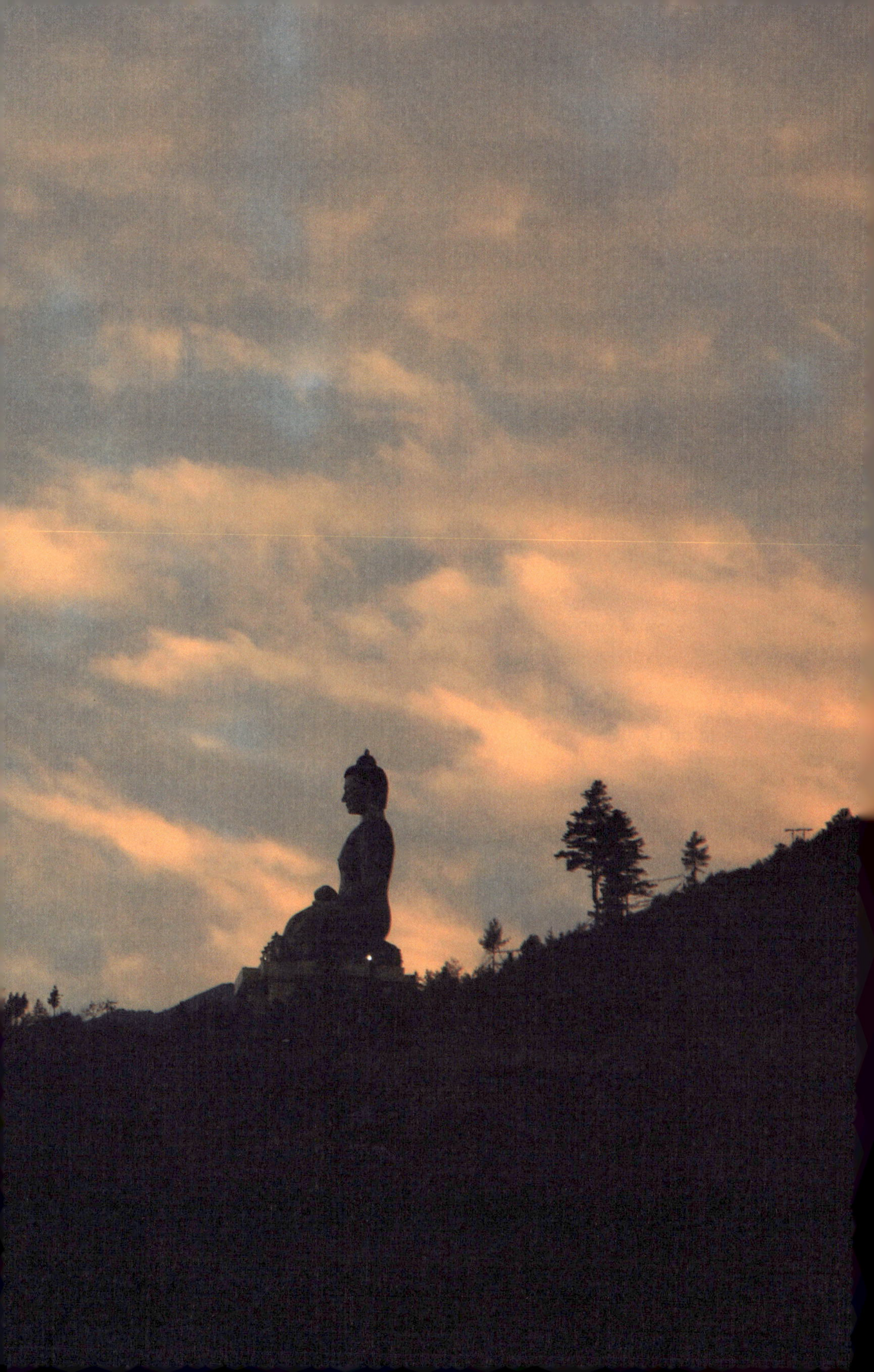

ALGUMAS OPINIÕES DE LEITORES E REVISORES

Este livro lindamente ilustrado é um modesto "esboço" de aproximadamente 13.000 palavras, mas seu escopo é ambicioso. Powdyel escreve sobre e para o Butão, mas seus comentários têm ressonância universal.

Não posso dizer que Powdyel defende um caso porque a peça é uma invocação e não um argumento ou mesmo uma exortação. O tom é suave e não há criticismos. O escritor se refere à "abordagem mentalista predominantemente unidimensiona" e, a certa altura, afirma que "a educação perdeu sua missão e perdeu o foco", mas, em vez da ameaça e da histeria que encontramos em muitos comentaristas sobre a atual situação global, Powdyel oferece um ideal esperançoso.

Há também uma atemporalidade na visão de Powdyel que não é ameaçada ou intimidada pelas maravilhas da modernidade. As qualidades e virtudes que ele celebra não são tradicionais nem modernas. Este é um documento muito butanês, e causa inveja dos butaneses por sua história especial e lugar no mundo.

- Douglas McCurry, pesquisador sênior, Australian Council for Educational Research, Melbourne, Austrália.

... a mente mais bonita que já conheci... Há tantas coisas bonitas em *Minha escola verde*. Apesar de você chamar seu livro de "esboço", o que vejo é que você o escreveu como a poesia que deu ao tradutor dificuldades e até dor de cabeça. Tive que traduzir cuidadosamente suas palavras suaves para acariciar os ouvidos dos leitores vietnamitas.

As rimas, metáforas e outros recursos linguísticos transmitidos em seu livro, no entanto, são ocasionalmente quase impossíveis de traduzir com precisão em vietnamita, "o templo da minha alma", "templos de aprendizagem", por exemplo. Para honrar a parte mais difícil, como "saciar a sede que vem da alma" [página 85 de seu livro], tive que pegar emprestado um verso de nosso maior poeta Nguyen Du em seu *The Story of Kieu*, uma obra-prima incontestável da literatura vietnamita, que diz "khát khao đã thỏa tấm lòng lâu nay."

— Ho-Dac Tuc, vice-reitor, School of Foreign Languages, Tra Vinh University, Vietnã.

Um livro despretensioso do Butão está estimulando a massa cinzenta entre um número crescente de educadores muito além desse país pouco conhecido.

Apesar de seu título e tamanho modestos, *Minha escola verde* é tudo menos um livrinho. Dentro de suas páginas brilham joias de ideias grandes e profundas, ideias que podem trazer de volta os mais honrados ideais de educação. Mas o autor conseguiu traduzir as ideias e os ideais elevados em uma linguagem refinada e descomplicada que muitas vezes beira o poético. Além das ideias, há linguagem para saborear.

— Needrup Zangpo, diretor executivo, Associação dos Jornalistas do Butão.

Minha escola verde atrai tanto os instruídos quanto os não iniciados. Para os instruídos, o livro é um deleite indescritível. A poesia da linguagem, a expansão dos conceitos, a organização da unidade de pensamento são simplesmente soberbas. O autor destaca que o verdor escolar não é nada exótico – sempre existiu. Só precisamos descobri-lo ou recuperá-lo.

> – K. C. Jose, Instrutor de Língua Inglesa, Tabuk College of Technology, Arábia Saudita.

É notável que a aprendizagem acadêmica seja apenas uma das oito áreas, significando uma abordagem muito mais holística do que os modelos ocidentais e que se compromete a desenvolver mente, coração e mãos.

Muitos no Ocidente verão isso como puro idealismo – mas em um mundo profundamente desafiado por mudanças climáticas, guerra, extremismo e problemas de saúde, só para começar, o Butão oferece um exemplo ousado de que as coisas podem ser diferentes.

> – Fiona Carnie, autora de *Alternative Approaches to Education: a guide for teachers and parents*, Bath, Reino Unido.

Quando li *Minha escola verde*, percebi imediatamente que a sua mensagem tinha de chegar ao maior número de crianças em tantos lugares quanto possível.

> – Gunter Pauli, educador, inovador, empresário e fundador da The Blue Economy e pioneiro do Zero Emissions Project.

Minha escola verde tem um apelo especial e relevância para todos os educadores e alunos da minha comunidade. As ideias poderosas do livro tiveram que ser compartilhadas entre educadores em minha ilha e além. Foi uma grande alegria para mim traduzir o livro para o catalão e o espanhol. Foi um trabalho de amor por uma boa causa.

> - Guillem Ferrer, educador, *designer*, empresário, fundador da Education for Life Foundation, Maiorca, Espanha.

Ao receber o livro e examinar seu conteúdo, concluí imediatamente que ele deveria ser traduzido e distribuído por todo o Japão. Há muito que os japoneses, que tendem a priorizar o PIB e o desempenho acadêmico, podem aprender com o Butão.

> - Miwako Hosoda, vice-presidente, Seisa University, Japão.

Enquanto o mundo usa o PIB como medida de bem-estar nacional, o Butão, como uma pedra preciosa azul cristalina e como uma nação de pequena área, mas de grande espírito, compromete-se a medir a prosperidade pelos níveis de felicidade de seus cidadãos.

Minha escola verde é um esboço educacional escrito com um estilo de magnificência e sublime, de conteúdo inspirador e uma paixão pela compaixão por todos os seres.

> - LÂM AN, jornalista, *Saigon Liberation Daily*.

Este livro é fino, mas, para dizer a verdade, apresenta um projeto educacional de uma nação; poderia mudar nosso pensamento sobre o desenvolvimento nacional em geral.

> - Nguyen Vinh Nguyen, escritor, jornalista, *Saigon Economic Time*.

Escrevo isso no aniversário do Dia Nacional dos Professores do Vietnã, e para aqueles que têm se empenhado em "fazer de cada escola uma Escola Verde para que a Educação se torne um Setor Nobre" – isso é o que aprendi com *Minha escola verde: um esboço*.

> - Luong Ngoc Tien, *fundador e coach*, One Life Connection (Training & Consultancy Co., Ltd), Vietnã.

Não posso dizer com certeza se este livro mudará o jogo, mas o que posso dizer é que mudará vidas.

> - Prof. Vinod H. Bhat, vice-chanceler, Manipal Academy of Higher Education, ao lançar a edição em Kannada de *Minha escola verde*, em 5 de setembro de 2019.

Ontem à noite folheei algumas páginas do livro pensando que dormiria enquanto lia depois de uma viagem cansativa. No entanto, seus pensamentos sobre educação e meu interesse por ele me mantiveram acordado até esta manhã. Quando terminei de lê-lo, já havia decidido que deveria ser traduzido para o Kannada, o idioma da minha região.

> - Dr. Neeta Inamdar,
> Jean Monnet Chair
> Diretor – Manipal Centre for European Studies
> Editor-chefe – Manipal Universal Press (MUP)
> O Dr. Inamdar coordenou a tradução e a publicação de *Minha escola verde* para o Kannada.

Minha escola verde pode ajudar todos nós a avançar e apoiar a causa do Setor Nobre e um verdadeiro e genuíno bem-estar da humanidade. Sem uma cultura nova, mais profunda, holística e mais ecológica, é impossível construir a comunidade humana do futuro e salvar os hóspedes humanos do Planeta Terra.

...Além disso, existe um paradigma ocidental dominante também na educação; a visão de Thakur S. Powdyel pode contribuir para uma descolonização desse paradigma dominante... com o projeto das Escolas Verdes que inclui todas as vertentes – ecológica, social, cultural, ética, espiritual, psicológica, organizacional, pedagógica...

> - Mario Salomone, secretário geral, World Environmental Education Congress, que traduziu *Minha escola verde* para o italiano e o publicou.

Além do verdor natural, a Mandala de Sherig, descrita no livro, destaca oito diferentes tipos de verdor, que tornam esta escola tão completa. *Minha escola verde* oferece um exemplo de como os múltiplos domínios da vida podem ser combinados e como pode ser uma educação de qualidade.

Esta é a nossa grande motivação e desejo de apoiar a tradução deste pequeno mas holístico livro para o tailandês. A linguagem poética de Lyonpo Thakur S. Powdyel vai direto ao coração. A calma e a paixão desenvolvidas pelas crianças em tal ambiente, e de fato o conhecimento e o sentimento de responsabilidade, serão levados para as casas dos alunos e para seus futuros lares. O mundo se tornará um lugar mais pacífico...

- Brigit Burkard, diretora, Pestalozzi Children's Foundation, Sudeste Asiático.

"...queria introduzir esta abordagem holística para o desenvolvimento; os países terão que desenvolver a educação para elaborar um sistema educacional holístico. É por isso que acho que os ocidentais, especialmente os franceses, devem ler seu livro – a fim de trabalhar para tornar a sociedade e o mundo um lugar melhor para se viver".

- Eric Tariant, jornalista do *Le Monde Diplomatique*.

O texto é relativamente curto, mas seu objetivo é ambicioso. Powdyel escreve sobre o Butão, mas o alcance de sua mensagem é universal. O autor não defende uma causa; seu texto não é um argumento, muito menos um sermão, mas um verdadeiro chamado. Seu tom é leve e não moralista.

Powdyel nos oferece um ideal cheio de esperança. Há algo atemporal na sua visão que não pode ser ameaçado ou desafiado pelas maravilhas da modernidade. As qualidades e virtudes que ele celebra não são tradicionais nem modernas.

O pensamento mais lindo que já conheci... Há tantas coisas maravilhosas neste livro.

Embora o autor se refira ao seu livro como um "esboço", o texto contém muitas reviravoltas bastante poéticas. Ao ler o livro, percebi imediatamente que sua mensagem deveria alcançar o maior número possível de crianças em todo o mundo.

Esta obra é realmente relevante para todos os professores e alunos do meu país. A força de suas ideias deve ser compartilhada por todos os professores ao redor do mundo.

Um verdadeiro livro de amor dedicado a uma nobre causa.

> - Philippe Fervaunier, diretor administrativo, Hermann Publishing House e editor de *Minha escola verde* em alemão.

Você me ajuda muito a procurar a Estrela do Norte não apenas para o sistema educacional lituano, mas para toda a sociedade lituana e além... O livro é a dádiva mais preciosa da sabedoria.

> - Dr. Radkevicius, tradutor, editor de *Minha escola verde* para o lituano.